中职教育"十二五"规划教材

# 基础会计习题与实训
# （第二版）

主　　编　李国生
副 主 编　陈菡妍　高燕薇
　　　　　丁宇明　凌中新
编　　委　罗永跃　李　霞
　　　　　龙玉妍　王占武

立信会计出版社

图书在版编目(CIP)数据

基础会计习题与实训 / 李国生主编. —2 版. —上海：立信会计出版社,2015.2
中职教育"十二五"规划教材
ISBN 978-7-5429-4548-8

Ⅰ.①基⋯　Ⅱ.①李⋯　Ⅲ.①会计学—中等专业学校—教学参考资料　Ⅳ.①F230

中国版本图书馆 CIP 数据核字(2015)第 022968 号

责任编辑　赵新民
封面设计　周崇文

## 基础会计习题与实训(第二版)

| | |
|---|---|
| 出版发行 | 立信会计出版社 |
| 地　　址 | 上海市中山西路 2230 号　邮政编码　200235 |
| 电　　话 | (021)64411389　传　真　(021)64411325 |
| 网　　址 | www.lixinaph.com　电子邮箱　lxaph@sh163.net |
| 网上书店 | www.shlx.net　电　话　(021)64411071 |
| 经　　销 | 各地新华书店 |
| 印　　刷 | 上海天地海设计印刷有限公司 |
| 开　　本 | 787 毫米×1092 毫米　1/16 |
| 印　　张 | 18 |
| 字　　数 | 402 千字 |
| 版　　次 | 2015 年 2 月第 2 版 |
| 印　　次 | 2018 年 8 月第 4 次 |
| 印　　数 | 11 301—13 400 |
| 书　　号 | ISBN 978-7-5429-4548-8/F |
| 定　　价 | 30.00 元 |

如有印订差错,请与本社联系调换

# 第二版前言 FOREWORD

进入21世纪以来，会计职业教育的相关因素发生了一系列深刻变化。表现在：一是学生文化基础薄弱，二是中等职业学校学制向"2+1"教学模式发展，三是学生的模仿能力较强。为适应这种实际情况的变化，结合《企业会计准则》的新变化、《会计从业资格实施办法》和有关财务法规的规定，我们编写了这套教材及配套技能实训。

本书共分为两大篇，第一篇是习题与单项实训，与教材的章节相对应，共分为12章；第二篇是综合实训，对企业采用科目汇总表账务处理程序进行核算，使学生对这种基本的核算形式能充分巩固和运用。本书主要以实际中常用的会计凭证、会计账簿和会计报表为实训对象，注重培养学生对会计资料的认识能力和会计实际动手能力，同时，又兼顾学生参加会计从业资格考试的需要，提供相应题型供学生练习。

本次改版采纳了授课教师提出的合理修改意见，对部分内容进行了增删，章节编排也做了适当的调整。为方便教学，本书还配备了相应的电子版参考答案，使用本书的学校或教师，请在立信会计出版社网站下载或向编者索取。编者联系邮箱：1065263102@qq.com。

本书既可以与《基础会计》教材配套使用，也可以供会计初学者进行单独训练使用。

编　者
2015年1月

# 目录 CONTENTS

## 第一篇 习题与单项实训

第一章 总论 ……………………………………………………………… 003

第二章 会计要素与会计等式 …………………………………………… 007

第三章 会计科目和账户 ………………………………………………… 015

第四章 会计记账方法 …………………………………………………… 020

第五章 借贷记账法下主要经济业务的账务处理 ……………………… 024

第六章 成本计算 ………………………………………………………… 027

第七章 会计凭证 ………………………………………………………… 029
  实训一 原始凭证的填制 …………………………………………… 031
  实训二 原始凭证的审核 …………………………………………… 047
  实训三 通用记账凭证的填制和审核 ……………………………… 057
  实训四 专用记账凭证的填制 ……………………………………… 095

第八章 会计账簿 ………………………………………………………… 103
  实训一 登记日记账 ………………………………………………… 106
  实训二 登记明细分类账 …………………………………………… 179
  实训三 登记总分类账 ……………………………………………… 187
  实训四 结账和对账 ………………………………………………… 189

第九章 账务处理程序 …………………………………………………… 192

第十章 财产清查 ………………………………………………………… 195
  实训一 实物清查 …………………………………………………… 197

实训二　现金清查……199
实训三　银行存款清查……200

**第十一章　财务会计报表**……203
实训一　编制资产负债表……205
实训二　编制利润表……207

**第十二章　会计档案和会计工作组织**……208

# 第二篇　综合实训

综合实训　科目汇总表账务处理程序……213

# 第一篇

# 习题与单项实训

# 第一章 总 论

## 习题

一、单项选择题

1. 会计以货币为主要计量单位，通过确认、计量、记录、报告等环节，对特定主体的经济活动进行记账、算账、报账，为各有关方面提供会计信息的功能称为（　　）。
   A. 会计控制职能　　　　　　　　B. 会计预测职能
   C. 会计核算职能　　　　　　　　D. 会计监督职能

2. 会计人员在进行会计核算的同时，对特定主体经济活动的真实性、合法性和合理性进行审查时称为（　　）。
   A. 会计控制　　　　　　　　　　B. 会计核算
   C. 会计监督　　　　　　　　　　D. 会计分析

3. 会计主要的计量单位是（　　）。
   A. 货币　　　　　　　　　　　　B. 劳动量
   C. 实物　　　　　　　　　　　　D. 价格

4. （　　）作为会计核算的基本前提，就是将一个会计主体持续的生产经营活动划分为若干个相等的会计期间。
   A. 持续经营　　　　　　　　　　B. 会计年度
   C. 会计分期　　　　　　　　　　D. 会计主体

5. 会计核算和监督的内容是特定主体的（　　）。
   A. 经济资源　　　　　　　　　　B. 资金运动
   C. 实物运动　　　　　　　　　　D. 经济活动

6. 持续经营从（　　）上对会计核算进行了有效界定。
   A. 空间　　　　　　　　　　　　B. 时间
   C. 空间和时间　　　　　　　　　D. 内容

7. 企业固定资产可以按照其价值和实用情况，确定采用某一方法计提折旧，它所依据的会计核算前提是（　　）。
   A. 会计主体　　　　　　　　　　B. 持续经营
   C. 会计分期　　　　　　　　　　D. 货币计量

8. 界定从事会计工作和提供会计信息的空间范围的会计基本前提是（　　）。
   A. 会计职能　　　　　　　　　　B. 会计主体
   C. 会计内容　　　　　　　　　　D. 会计对象

9. 下列各项中,不属于会计核算的环节的是(　　)。
   A. 确认　　　　　　　　　　B. 记录
   C. 报告　　　　　　　　　　D. 报账
10. 债务是指由于过去的交易或事项形成的、企业需要以(　　)等偿付的现时义务。
    A. 资产或劳务　　　　　　　B. 资本或劳务
    C. 资产或债权　　　　　　　D. 收入或劳务
11. 某企业某年12月份发生下列支出:(1)年初支付本年度保险费2 400元,本月摊销200元;(2)支付下一年度第一季度房屋租金6 000元;(3)支付本月办公开支1 000元,则在权责发生制下本月费用为(　　)元。
    A. 1 000　　　　　　　　　 B. 1 200
    C. 3 200　　　　　　　　　 D. 3 000
12. 我国实行公历制会计年度是基于(　　)的基本会计假设。
    A. 会计主体　　　　　　　　B. 货币计量
    C. 会计分期　　　　　　　　D. 持续经营
13. 下列不属于资金退出的是(　　)。
    A. 偿还各项债务　　　　　　B. 支付职工工资
    C. 上交各项税金　　　　　　D. 向所有者分配利润
14. 下面关于会计对象的说法中,不正确的是(　　)。
    A. 会计对象是指会计所要核算与监督的内容
    B. 特定主体能够以货币表现的经济活动,都是会计核算和监督的内容
    C. 企业日常进行的所有活动都是会计对象
    D. 会计对象就是社会再生产过程中的资金运动
15. 会计的本质是(　　)。
    A. 一种经济管理目标　　　　B. 一种经济管理活动
    C. 一种技术工作　　　　　　D. 一种货币资金管理工作

## 二、多项选择题

1. 下列各项中,属于有价证券的有(　　)。
   A. 银行本票存款　　　　　　B. 国库券
   C. 股票　　　　　　　　　　D. 企业债券
2. 下列各项中,可以作为一个会计主体进行核算的有(　　)。
   A. 销售部门　　　　　　　　B. 分公司
   C. 母公司　　　　　　　　　D. 企业集团
3. 财物是财产、物资的简称,下列属于财物的有(　　)。
   A. 库存商品　　　　　　　　B. 固定资产
   C. 无形资产　　　　　　　　D. 应收及预付款项
4. 下列各项中,属于会计核算基本前提的有(　　)。
   A. 会计主体　　　　　　　　B. 持续经营
   C. 会计分期　　　　　　　　D. 货币计量

5. 下列各项中,属于会计核算具体内容的有(　　)。
   A. 款项和有价证券的收付　　B. 财物的分发、增减和使用
   C. 债权债务的发生和结算　　D. 收入、支出、费用、成本的计算
6. 下列各项中,属于财务成果的计算和处理内容的有(　　)。
   A. 利润分配　　B. 利润的计算
   C. 亏损弥补　　D. 所得税的计算和交纳
7. 下列各项中,属于会计核算方法的有(　　)。
   A. 登记会计账簿　　B. 填制和审核会计凭证
   C. 成本计算　　D. 财产清查
8. 下列关于会计主体假设的表述中,正确的有(　　)。
   A. 会计主体假设要求企业不能将所有的交易或事项作为会计主体的交易或事项处理
   B. 法律主体可以作为会计主体,但会计主体不一定是法律主体
   C. 会计主体假设要求资产以历史成本计量
   D. 会计主体假设要求采用权责发生制进行会计确认、计量和报告
9. 下列各项中,属于会计职能的有(　　)。
   A. 预测经济前景　　B. 参与经济决策
   C. 评价经营业绩　　D. 实施会计监督
10. 会计核算的内容是指特定主体的资金活动,包括(　　)等阶段。
    A. 资金的投入　　B. 资金的循环与周转
    C. 资金的储存　　D. 资金的退出
11. 下列关于会计监督的说法正确的有(　　)。
    A. 只是对特定主体的经济活动的真实性、合法性进行审查
    B. 主要通过价值指标来进行
    C. 包括事前监督和事中监督,不包括事后监督
    D. 会计监督是会计核算质量的保障
12. 会计方法是反映和监督会计对象,完成会计凭证的手段,是从事会计工作所使用的各种技术方法,一般包括(　　)。
    A. 会计核算方法　　B. 会计分析方法
    C. 会计检查方法　　D. 会计决策方法
13. 下列各项中,属于企业债权的有(　　)。
    A. 应收账款　　B. 预收账款
    C. 应付账款　　D. 预付账款
14. 下列事项中,应当办理会计手续并进行会计核算的有(　　)。
    A. 签订采购合同　　B. 成本计算
    C. 财务成果的计算和处理　　D. 财务情况分析
15. 会计分期的意义有(　　)。
    A. 为企业选择会计处理方法、进行会计要素的确认和计量提供了基本前提

B. 为及时提供会计信息提供了前提
C. 为会计进行分期核算提供了前提
D. 为应收、应付、递延、待摊等会计处理方法提供了前提

三、判断题
1. 会计只有会计核算与会计监督两个职能。（  ）
2. 会计主体均为法人。（  ）
3. 财务成果具体表现为盈利或亏损。（  ）
4. 会计主体是进行会计核算的基本前提之一，一个企业可以根据具体情况确定一个或若干个会计主体。（  ）
5. 会计主体不一定是法律主体，但法律主体一定是会计主体。（  ）
6. 会计主体前提为会计核算确定了空间范围，会计分期前提为会计核算确定了时间范围。（  ）
7. 成本是企业为生产产品、提供劳务而发生的各种耗费，因而企业发生的各项费用都是成本。（  ）
8. 在我国境内设立的企业，会计核算可以不以人民币作为记账本位币。（  ）
9. 会计上的资本既包括投入资本也包括借入资本。（  ）
10. 银行汇票、银行本票和信用证存款都属于有价证券。（  ）

四、简答题
1. 简述会计核算与会计监督的关系。
2. 简述会计核算的具体内容。

注：本章为"总论"，无单项实训。

# 第二章 会计要素与会计等式

## 习题

### 一、单项选择题

1. 下列说法中,不正确的是( )。
   A. 所有者权益是指企业所有者在企业资产中享有的经济利益
   B. 所有者权益的金额等于资产减去负债后的余额
   C. 所有者权益也称为净资产
   D. 所有者权益包括实收资本(或股本)、资本公积、盈余公积和留存收益等

2. 企业在日常活动中形成的、会导致所有者权益增加的、与所有者投入资本无关的经济利益的总流入称为( )。
   A. 利润              B. 资产
   C. 利得              D. 收入

3. 下列各项中,符合收入会计要素定义的是( )。
   A. 出售材料收入
   B. 出售无形资产净收益
   C. 出售固定资产净收益
   D. 向购货方收取的增值税销项税额

4. 投资人和债权人投入的资金,投入企业后形成企业的( )。
   A. 成本              B. 费用
   C. 资产              D. 负债

5. 下列各项中,不属于企业资产的是( )。
   A. 实收资本          B. 融资租入的固定资产
   C. 机械设备          D. 专利权

6. ( )是对会计对象的基本分类。
   A. 会计科目          B. 会计要素
   C. 会计信息质量要求  D. 会计方法

7. 某公司期初资产总额为500万元,当期期末负债总额比期初减少20万元,期末所有者权益比期初增加25万元。则该企业期末资产总额为( )万元。
   A. 500      B. 480      C. 505      D. 525

8. 下列会引起资产和负债总额同时减少的经济业务是( )。
   A. 把现金存入银行    B. 赊购材料一批

C. 用银行存款偿还银行借款　　D. 收到某企业的欠款并存入银行

9. 对于工业企业而言,不属于主营业务收入的是(　　)。
   A. 产成品销售收入　　B. 自制半成品销售收入
   C. 工业性劳务收入　　D. 材料销售收入

10. 下列资产中,流动性最强的是(　　)。
    A. 应收账款　　B. 货币资金
    C. 存货　　D. 预付账款

11. 期间费用是指企业在日常活动中发生的,应当计入当期损益的费用,不包括(　　)。
    A. 管理费用　　B. 销售费用
    C. 财务费用　　D. 制造费用

12. 下列不属于直接计入当期利润的利得和损失的有(　　)。
    A. 出租固定资产获得的收益　　B. 处置固定资产的净损失
    C. 自然灾害发生的损失　　D. 企业对外捐赠支出

13. 下列项目对企业利润总额没有影响的是(　　)。
    A. 投资收益　　B. 营业外支出
    C. 资产减值损失　　D. 所得税费用

14. 下列不属于企业资产的是(　　)。
    A. 实收资本　　B. 预付货款
    C. 机器设备　　D. 专利权

15. 下列不属于所有者权益的是(　　)。
    A. 实收资本　　B. 资本公积
    C. 盈余公积　　D. 主营业务收入

二、多项选择题

1. 下列各项中,属于反映企业经营成果的动态要素的有(　　)。
   A. 收入　　B. 费用
   C. 利润　　D. 负债

2. 下列各项中,属于所有者权益直接来源的有(　　)。
   A. 所有者投入的资本　　B. 留存收益
   C. 收入　　D. 不应计入当期损益的利得或损失

3. 下列各项中,属于资产要素特点的有(　　)。
   A. 必须是经济资源
   B. 必须是有形的
   C. 必须是预期能给企业带来经济利益
   D. 必须是企业拥有或控制的

4. 下列各项中,属于费用要素特点的有(　　)。
   A. 企业在日常活动中发生的经济利益的总流入
   B. 会导致所有者权益减少
   C. 与向所有者分配利润无关

D. 会导致所有者权益增加
5. 下列各项中,属于资产特征的有(   )。
   A. 资产是由过去或现在的交易或事项形成的
   B. 资产必须能够用货币计量其价值
   C. 资产能给企业带来经济利益
   D. 资产一定具有具体的实物形态
6. 企业的收入可能会导致(   )。
   A. 库存现金的增加         B. 银行存款的增加
   C. 企业其他资产的增加     D. 企业负债的减少
7. 下列各项中,影响利润金额计量的有(   )。
   A. 资产                   B. 费用
   C. 收入                   D. 直接计入所有者权益的利得或损失
8. 下列各项中,属于负债要素特点的有(   )。
   A. 负债是由现在的交易或事项引起的偿债义务
   B. 负债是由过去的交易或事项形成的现时义务
   C. 负债是由将来的交易或事项引起的偿债义务
   D. 负债将会导致经济利益流出企业
9. 下列各项中,能引起资产和负债总额同时增加的有(   )
   A. 从银行借款存入企业的银行存款账户
   B. 以银行存款偿还所欠货款
   C. 企业赊购材料一批
   D. 收到投资人投入的资金存入银行
10. 企业用银行存款偿还所欠货款,引起(   )。
    A. 资产增加               B. 资产减少
    C. 负债增加               D. 负债减少
11. 下列经济业务中,会使资产和权益总额同时增加的有(   )。
    A. 用银行存款购入一台机器设备
    B. 偿还购入材料的欠款
    C. 收到投资者投入的资金并存入银行
    D. 购入一批商品,款项未付
12. 下列各项经济业务中,能引起资产和所有者权益同时增加的有(   )。
    A. 盈余公积转增资本       B. 提取盈余公积
    C. 收到国家投资存入银行   D. 收到外单位现金投资存入银行
13. 下列各项中,会导致企业资产总额和负债总额同时减少的有(   )。
    A. 用现金支付职工薪酬     B. 购买材料一批,货款未付
    C. 将资本公积转增资本     D. 用银行存款偿还所欠货款
14. 下列各项中,属于资产内部增减变动的有(   )。
    A. 购买一批材料,款项尚未支付   B. 购买一批材料,以银行存款支付货款

C. 从银行提取现金备用　　　　　D. 接受现金捐赠,款项存入银行
15. 企业向银行借款存入银行,该业务引起(　　)要素同时增加。
   A. 资产　　　　　　　　　　　B. 负债
   C. 收入　　　　　　　　　　　D. 所有者权益

### 三、判断题

1. 资产是指企业现时的交易或事项形成的、由企业拥有或者控制的、预期会给企业带来经济利益的资源。(　　)
2. 只要企业拥有某项财产物资的所有权就能将其确认为资产。(　　)
3. 利润是收入与费用配比相抵后的差额,是经营成果的最终要素。(　　)
4. 所有者权益是指企业投资人对企业资产的所有权。(　　)
5. 企业的利得和损失包括直接计入所有者权益的利得和损失以及直接计入当期利润的利得和损失。(　　)
6. 资产包括固定资产和流动资产两部分。(　　)
7. 会计要素中既有反映财务状况的要素,又有反映经营成果的要素。(　　)
8. 流动负债是指需要在一年以上或超过一年的一个营业周期内偿还的债务。(　　)
9. 所有者权益构成项目包括实收资本、资本公积、盈余公积和未分配利润等。(　　)
10. 所有者权益和负债的区别包括两者的对象不同、两者体现的经济关系不同、两者的偿还期限不同、两者承担的风险不同。(　　)

### 四、简答题

1. 简述资产的主要特征。
2. 简述负债的产要特征。
3. 简述企业经济业务发生变化所引起的会计要素变动的几种情况。

# 单项实训

## 【实训目标】

本实训使学生明确会计要素是会计对象的具体化,掌握会计要素类别的划分,理解会计方程式所揭示的会计要素之间的内在联系,能根据经济业务确认会计要素的类别,并能运用会计方程式正确反映会计要素及其具体项目的增减变化。

## 【实训步骤】

1. 根据资料(一),划分资产和权益项目,计算资产总额和权益总额,检查是否平衡,填列"资产与权益项目划分表"。
2. 根据资料(二),按照会计要素六大类别,将资料中的会计要素项目逐一进行判断归类,填列"会计要素分类表"。
3. 根据资料(三),确定各项经济业务分别归属于哪一个会计要素类别,并确定其项目名称,将项目名称逐一填入"会计要素类别及项目表"。

4. 根据资料(四),填制"会计要素状态变化表"和"会计要素恒等关系表"。

(1) 根据资料(四),填列"会计要素恒等关系表"期初金额栏,然后计算该栏资产合计与权益合计,检查是否平衡。

(2) 根据资料(四),确定每项经济业务引起的会计要素项目的增减变化,并判断对资金总额有无影响,然后分项填入"会计要素状态变化表"中的增加、减少栏内,同时填入金额。

(3) 根据填制完成的"会计要素状态变化表",归纳整理出各项目本期增加、减少金额的合计数,并填入"会计要素恒等关系表"中的本期发生金额栏,然后计算各小栏合计数,填入合计金额。

(4) 根据"期初余额+本期增加金额-本期减少金额=期末余额"的计算公式,计算填列期末金额栏,并计算出期末合计数,填列合计金额,检查是否平衡。

## 【实训资料】

资料(一) 兴旺厂××××年2月28日资金项目如表2-1所示。

表2-1

### 资产权益项目划分表

| 资 金 项 目 | 金额(元) | 资产 | | 权益 | |
|---|---|---|---|---|---|
| | | 名 称 | 金额 | 名 称 | 金额 |
| 厂房及其他建筑物 | 128 600 | | | | |
| 存在银行的款项 | 12 000 | | | | |
| 向银行借入在一年以内的款项 | 30 000 | | | | |
| 购入原材料应付的货款 | 25 000 | | | | |
| 销售产品尚未收回的货款 | 38 200 | | | | |
| 正在加工中的产品 | 40 300 | | | | |
| 库存已完工产品 | 36 000 | | | | |
| 某企业投入的设备 | 50 000 | | | | |
| 国家投入资金 | 250 000 | | | | |
| 机器设备 | 89 300 | | | | |
| 运货汽车 | 32 100 | | | | |
| 暂借给职工的差旅费 | 200 | | | | |
| 库存原材料 | 20 900 | | | | |
| 其他应偿还的债务 | 13 800 | | | | |
| 出纳员保管的现金 | 1 200 | | | | |
| 欠交的税金 | 30 000 | | | | |

资料(二) 兴旺厂××××年1月份有关会计要素项目如下:
原材料、实收资本、应付职工薪酬、银行存款、库存现金、库存商品、盈余公积、固定资

产、长期借款、资本公积、应交税费、预收账款、应付债券、无形资产、应收账款、预付账款、主营业务收入、主营业务成本、管理费用、销售费用、财务费用、其他应收款、制造费用、投资收益、营业外收入、营业外支出、本年利润。

资料(三)　兴旺厂××××年3月31日有关会计要素资料如下：

(1) 出纳处库存现金18 000元。
(2) 存放在银行的货币150 000元。
(3) 库存原材料210 000元。
(4) 机器设备20台,价值1 800 000元。
(5) 仓库3栋,价值600 000元。
(6) 向银行贷款300 000元,拟于2年后偿付。
(7) 甲企业投入资金1 000 000元。
(8) 应交未交税金21 400元。
(9) 预收销货款56 000元。
(10) 销售产品收入458 700元。
(11) 产品销售成本304 300元。
(12) 尚未销售的成品84 000元。
(13) 支付广告费用11 500元。
(14) 实现利润245 000元。

资料(四)

1. 兴旺厂××××年1月1日会计要素结构如表2-2所示。

表2-2

**兴旺厂××××年1月1日会计要素结构**

单位：元

| 资产项目 | 余额 | 权益项目 | 余额 |
| --- | --- | --- | --- |
| 库存现金 | 10 000 | 短期借款 | 180 000 |
| 银行存款 | 200 000 | 应付账款 | 126 882 |
| 应收账款 | 120 000 | 长期借款 | 320 000 |
| 原材料 | 140 000 | 实收资本 | 2 330 000 |
| 库存商品 | 85 000 | 资本公积 | 143 818 |
| 固定资产 | 2 545 700 | | |
| 合　计 | 3 100 700 | 合　计 | 3 100 700 |

2. 该厂1月份部分经济业务如下：

(1) 1日,从银行提取现金25 000元备用。
(2) 4日,收回销货款80 000元存入银行。
(3) 7日,向银行贷入期限为3年的借款150 000元存入银行。
(4) 10日,收到投资者交来投资款100 000元存入银行。
(5) 12日,以银行存款80 000元归还到期的短期贷款。

(6) 14 日,外商捐赠设备 1 台,估价 143 700 元。
(7) 15 日,购进材料 21 400 元,货款暂欠。
(8) 16 日,将现金 5 000 元存入银行。
(9) 18 日,采购员王某借支差旅费 3 000 元,以现金付讫。
(10) 27 日,产品生产领用原材料 65 400 元。
(11) 28 日,完工产品交库:A 产品 195 件,单位成本 84.50 元;B 产品 250 件,单位成本 64.30 元。

## 【实训用具】

会计要素分类表 1 张,格式如表 2-3 所示。
会计要素类别及项目表 1 张,格式如表 2-4 所示。
会计要素状态变化表 1 张,格式如表 2-5 所示。
会计要素恒等关系表 1 张,格式如表 2-6 所示。

表 2-3

### 会计要素分类表

| 会计要素类别 | 会计要素项目 |
| --- | --- |
| 资产 | |
| 负债 | |
| 所有者权益 | |
| 收入 | |
| 费用 | |
| 利润 | |

表 2-4

### 会计要素类别及项目表

| 要素类别及项目 / 会计事项 | 资产 | | 负债 | | 所有者权益 | 收入 | 费用 | 利润 |
| --- | --- | --- | --- | --- | --- | --- | --- | --- |
| | 流动资产 | 非流动资产 | 流动负债 | 非流动负债 | | | | |
| | | | | | | | | |
| | | | | | | | | |
| | | | | | | | | |
| | | | | | | | | |
| | | | | | | | | |
| | | | | | | | | |

表 2-5

**会计要素状态变化表**

| 要素类别及项目<br>会计事项 | 资产 | | 权益 | | 对资金总额影响 | | |
|---|---|---|---|---|---|---|---|
| | 增加 | 减少 | 增加 | 减少 | 增加 | 减少 | 无 |
| | | | | | | | |
| | | | | | | | |
| | | | | | | | |
| | | | | | | | |
| | | | | | | | |
| | | | | | | | |
| | | | | | | | |
| | | | | | | | |

表 2-6

**会计要素恒等关系表**

年　　月

| 要素类别及项目<br>会计事项 | 期初金额 | | 本期发生金额 | | 期末金额 | |
|---|---|---|---|---|---|---|
| | 资产 | 权益 | 资产 | 权益 | 资产 | 权益 |
| | | | | | | |
| | | | | | | |
| | | | | | | |
| | | | | | | |
| | | | | | | |
| | | | | | | |

# 第三章 会计科目和账户

## 习题

**一、单项选择题**

1. 下列各项中,属于资产类科目的是(  )。
   A. 应付账款　　B. 资本公积　　C. 银行存款　　D. 预收账款
2. 下列会计科目中,不属于资产类的是(  )。
   A. 应收账款　　B. 累计折旧　　C. 预收账款　　D. 预付账款
3. 总分类会计科目一般按(  )进行设置。
   A. 企业管理的需要　　　　　B. 统一会计制度的规定
   C. 会计核算的需要　　　　　D. 经济业务的种类不同
4. 下列会计科目中,属于所有者权益类科目的是(  )。
   A. 营业外收入　　　　　　　B. 生产成本
   C. 应收账款　　　　　　　　D. 利润分配
5. 所设置的会计科目应符合单位自身特点,满足单位实际需要,这一点符合(  )原则。
   A. 实用性　　　　　　　　　B. 合法性
   C. 谨慎性　　　　　　　　　D. 相关性
6. "预付账款"科目按其所归属的会计要素不同,属于(  )类科目。
   A. 资产　　　　　　　　　　B. 负债
   C. 所有者权益　　　　　　　D. 成本
7. 会计科目按其所提供信息的详细程度及其统驭关系不同,分为(  )。
   A. 一级科目和二级科目　　　B. 总账科目和明细科目
   C. 总账科目和二级科目　　　D. 二级科目和三级科目
8. "财务费用"科目按其所归属的会计要素不同,属于(  )类科目。
   A. 资产　　　　　　　　　　B. 所有者权益
   C. 成本　　　　　　　　　　D. 损益
9. 下列关于会计科目的表述中,不正确的是(  )。
   A. 会计科目是对会计要素的具体内容进行分类核算的项目
   B. 会计科目按照其所属的会计要素不同,可分为七大类科目
   C. 会计科目按其所提供的详细程度及其统驭关系不同,可分为总分类科目和明细分类科目

D. 设置会计科目应遵循合法性、相关性和实用性原则
10. "资产减值损失"科目按其所归属的会计要素不同,属于( )类科目。
　　A. 资产　　　　　　　　　　B. 成本
　　C. 负债　　　　　　　　　　D. 损益

二、多项选择题
1. 以下有关明细分类科目的表述中,正确的有( )。
　　A. 能提供更加详细更加具体会计信息的科目
　　B. 除国家统一会计制度规定设置的以外,各单位可以根据实际需要自行设置
　　C. 也称一级会计科目
　　D. 是对总分类科目作进一步分类的科目
2. 企业在设置会计科目时,应遵循的原则有( )。
　　A. 合法性原则　　　　　　　B. 相关性原则
　　C. 实用性原则　　　　　　　D. 合理性原则
3. 下列会计科目中,属于损益类科目的有( )。
　　A. 生产成本　　　　　　　　B. 主营业务成本
　　C. 制造费用　　　　　　　　D. 销售费用
4. 下列属于成本类科目的有( )。
　　A. 生产成本　　　　　　　　B. 主营业务成本
　　C. 制造费用　　　　　　　　D. 其他业务成本
5. 下列关于总分类账户与明细分类账户的关系说法正确的有( )。
　　A. 总分类账户对明细分类账户具有统驭控制作用
　　B. 明细分类账户所提供的明细核算资料是对其总分类账户资料的具体化
　　C. 明细分类账户对总分类账户具有补充说明作用
　　D. 总分类账户与其所属明细分类账户在总金额上应当相等
6. 下列属于总分类科目的有( )。
　　A. 其他货币资金　　　　　　B. 主营业务成本
　　C. 其他应收款　　　　　　　D. 银行本票存款
7. 下列属于负债类科目的有( )。
　　A. 应付票据　　　　　　　　B. 应交税费
　　C. 材料成本差异　　　　　　D. 其他应付款
8. 下列会计科目中,属于资产类科目的有( )。
　　A. 存货跌价准备　　　　　　B. 营业外收入
　　C. 预收账款　　　　　　　　D. 长期应收款
9. 下列各项中属于会计科目的意义的有( )。
　　A. 会计科目是复式记账的基础
　　B. 会计科目是编制记账凭证的基础
　　C. 会计科目为成本计算与财产清查提供了前提条件
　　D. 会计科目为编制财务报表提供了方便

10. 属于会计科目与账户之间联系的是（　　）。
    A. 两者的性质相同　　　　　　　B. 两者的口径一致
    C. 两者的内容相同　　　　　　　D. 账户和会计科目都有结构

### 三、判断题

1. 预付账款属于资产类科目，而制造费用属于成本类科目。　　　　　　　（　　）
2. 总分类科目与其所属的明细分类科目的核算内容相同，所不同的是前者提供的信息比后者更加详细。　　　　　　　　　　　　　　　　　　　　　　　　　　（　　）
3. 设置会计科目的相关性原则是指所设置的会计科目应当符合国家统一的会计制度的规定。　　　　　　　　　　　　　　　　　　　　　　　　　　　　　（　　）
4. 科目一般分到三级，不是越多越好。　　　　　　　　　　　　　　　　（　　）
5. "坏账准备"、"存货跌价准备"、"累计折旧"、"无形资产减值准备"科目均属于资产类科目。　　　　　　　　　　　　　　　　　　　　　　　　　　　　　　　　（　　）
6. 成本类科目是用于核算成本的发生和归集情况，提供成本相关会计信息的会计科目。　　　　　　　　　　　　　　　　　　　　　　　　　　　　　　　　　　（　　）
7. 费用按性质不同，可分为生产成本和期间费用。　　　　　　　　　　　（　　）
8. 会计要素中既有反映财务状况的要素，又有反映经营成果的要素。　　　（　　）
9. 所有的总账科目都应该设置明细科目，进行明细核算。　　　　　　　　（　　）
10. 损益类科目用于核算收入、费用、成本的发生和归集，提供一定期间与损益相关的会计信息的会计科目。　　　　　　　　　　　　　　　　　　　　　　　（　　）

### 四、计算题

假设甲公司期初的资产和权益总额均为1 000万元，当期发生下列经济业务：

1. 甲、乙两家公司进行债务重组，经协商，甲公司将欠乙公司的20万元转为本公司的资本；
2. 收到丁公司归还以前期间销售原材料发生的欠款50万元，款项存入银行；
3. 接受投资者投入现金100万元，存入银行(不产生溢价)；
4. 用银行存款购入固定资产，价款50万元(不考虑增值税)。

要求：逐项说明上述经济业务对甲公司资产与权益总额有无影响，如有影响，说明影响的方向和金额。

## 单项实训

### 【实训目标】

本实训使学生理解会计科目的设置原理及会计科目之间的关系，认识账户的基本结构，掌握登记账户的一般方法和期末余额与本期发生额的关系，能正确使用会计科目，能根据会计科目开设账户，正确登记账户的本期发生额和计算期末余额。

【实训步骤】

1. 根据资料（一），逐项判断(1)～(11)中项目归属哪一类会计科目，并确定会计科目的名称和编号，填入会计科目确认表内。

2. 根据资料（二），开设"银行存款"、"应收账款"、"短期借款"、"实收资本"、"主营业务收入"5个"T"形账户，记入期初余额。

3. 根据资料（三），逐笔登记所开设的账户，结出各账户的本期发生额合计和期末余额。

【实训用具】

1. 会计科目确认表1张，格式如表3-1所示。

表3-1

**会计科目确认表**

| 项目<br>会计事项 | 会计科目类别 | 会计科目名称 | 会计科目编号 |
|---|---|---|---|
|  |  |  |  |
|  |  |  |  |
|  |  |  |  |
|  |  |  |  |
|  |  |  |  |

2. "T"形账户5个。

【实训资料】

资料（一） 文荣厂××××年3月初部分会计资料如下：

(1) 存放在银行的货币资金130 000元。

(2) 出纳员处现款14 530元。

(3) 库存各种原材料，价值153 600元。

(4) 尚未收回的产品销售货款160 000元。

(5) 已完工入库尚未销售的产品，成本价值374 500元。

(6) 各种机器、设备价值500 000元。

(7) 厂房、仓库价值1 200 000元。

(8) 贷款期限在一年以内的各种借款280 000元。

(9) 应交未交的各种税金6 700元。

(10) 企业投资者投入资金300 000元。

(11) 产品销售收267 800元。

资料(二)　三星厂5月份部分会计资料如下：

　　　　账户名称　　　　　　　　余额(元)
　　　　银行存款　　　　　　　　213 000
　　　　应收账款　　　　　　　　 85 000
　　　　短期借款　　　　　　　　150 000
　　　　实收资本　　　　　　　12 500 000
　　　　主营业务收入　　　　　　　平

资料(三)　三星厂5月初发生的部分经济业务如下：

(1) 2日，用银行存款支付材料款10 000元。
(2) 3日，从银行提取现金3 000元备用。
(3) 7日，收到投资者投资款280 000元存入银行。
(4) 10日，销售甲产品200件，计货款20 000元，尚未收到。
(5) 14日，以存款支付工资34 900元。
(6) 18日，将资本公积金120 000元转增资本。
(7) 20日，收回销货款40 000元存入银行。
(8) 22日，销售乙产品1 000件，货款45 000元存入银行。
(9) 25日，用银行存款50 000元偿付到期的短期借款。
(10) 27日，收回光明厂前欠本单位货款60 000元存入银行。
(11) 28日，购买原材料85 400元，以存款支付。
(12) 31日，将本月的产品销售收入结转到"本年利润"账户。

# 第四章 会计记账方法

## 习题

### 一、单项选择题

1. 某企业所有者权益总额为700万元,负债总额为200万元,那么该企业的资产总额为( )万元。
   A. 900　　　　　　　　　　　B. 1 000
   C. 500　　　　　　　　　　　D. 以上答案都不对

2. 账户发生额试算平衡是根据( )来确定的。
   A. 借贷记账法的记账规则　　　B. 资产=负债+所有者权益
   C. 收入-费用=利润　　　　　D. 平行登记原则

3. 下列账户中,期末应无余额的是( )。
   A. 实收资本　　　　　　　　　B. 应付账款
   C. 固定资产　　　　　　　　　D. 管理费用

4. 在借贷记账法下,账户的贷方用来登记( )。
   A. 收入类科目的减少　　　　　B. 所有者权益类科目的增加
   C. 负债类科目的减少　　　　　D. 成本类科目的增加

5. 下列关于借贷记账法的表述中,正确的是( )。
   A. 漏记一项经济业务通过试算平衡可以发现
   B. 借贷记账法是复式记账法的一种
   C. 在借贷记账法下,负债增加记借方,减少记贷方
   D. 在借贷记账法下"借"表示增加,"贷"表示减少

6. 在借贷记账法下,成本类账户的期末余额一般( )。
   A. 在借方　　　　　　　　　　B. 为零
   C. 在贷方　　　　　　　　　　D. 在减少方

7. 目前我国采用的复式记账法主要是( )。
   A. 单式记账法　　　　　　　　B. 增减记账法
   C. 收付记账　　　　　　　　　D. 借贷记账法

8. 在借贷记账法下,所有者权益类账户的期末余额等于( )。
   A. 期初余额-借方发生额-贷方发生额
   B. 期初余额-借方发生额+贷方发生额
   C. 期初余额+借方发生额-贷方发生额

D. 期初余额＋借方发生额＋贷方发生额

9. 下列会计分录形式中,属于简单会计分录的是( )。
   A. 一借一贷
   B. 一借多贷
   C. 一贷多借
   D. 多借多贷

10. 复式记账是以( )为记账基础的一种记账方法。
    A. 试算平衡
    B. 资产和权益平衡关系
    C. 会计科目
    D. 经济业务

11. 根据资产与权益的恒等关系以及借贷记账法的记账规则,检查所有账户记录是否正确的方法称为( )。
    A. 记账
    B. 试算平衡
    C. 对账
    D. 结账

12. 负债及所有者权益类账户的期末一般( )。
    A. 余额在借方
    B. 余额在借方或贷方
    C. 余额在贷方
    D. 无余额

13. 某企业 6 月初的资产总额为 15 万元,负债总额为 5 万元。6 月份发生下列业务:取得收入共计 6 万元,发生费用共计 4 万元,则 6 月底该企业的所有者权益总额为( )万元。
    A. 12
    B. 17
    C. 16
    D. 10

14. 某公司 2009 年年初资产总额 5 000 000 元,负债总额 2 000 000 元,当年接受投资者投资 500 000 元,从银行借款 1 000 000 元。该公司 2009 年年末所有者权益应为( )元。
    A. 2 500 000
    B. 1 500 000
    C. 3 500 000
    D. 5 000 000

15. 应收账款账户期初借方余额为 35 400 元,本期借方发生额为 26 300 元,本期贷方发生额为 17 900 元,该账户期末余额为( )。
    A. 借方 43 800 元
    B. 借方 27 000 元
    C. 贷方 43 800 元
    D. 贷方 27 000 元

二、多项选择题

1. 银行存款日记账中支出对应的借方账户可能为( )。
   A. 库存现金
   B. 应付账款
   C. 原材料
   D. 长期借款

2. 持有期间被投资方宣告交易性金融资产的现金股利时,投资方做的账务处理中涉及的会计科目有( )。
   A. 投资收益
   B. 交易性金融资产
   C. 应收股利
   D. 银行存款

3. 下列各项中,属于企业存货的有( )。
   A. 生产用原材料
   B. 包装材料
   C. 自制半成品
   D. 国处进口的商品

4. 企业对存货采用实际成本法核算时,需要设置的科目有(　　)。
   A. 原材料　　　　　　　　　　B. 在途物资
   C. 材料采购　　　　　　　　　D. 材料成本差异
5. 影响固定资产折旧的因素有(　　)。
   A. 使用年限　　　　　　　　　B. 原值
   C. 净残值　　　　　　　　　　D. 使用部门
6. 固定资产处置的会计处理中,结转净损益时,可能涉及的科目有(　　)。
   A. 资本公积　　　　　　　　　B. 营业外收入
   C. 其他业务收入　　　　　　　D. 营业外支出
7. 应收账款的入账价值包括(　　)。
   A. 增值税销项税额　　　　　　B. 增值税进项税额
   C. 代购货方垫付的包装费　　　D. 代购货方垫付的运杂费
8. 下列属于期间费用的有(　　)。
   A. 制造费用　　　　　　　　　B. 销售费用
   C. 管理费用　　　　　　　　　D. 财务费用
9. 工业企业在经营活动中,需要在"销售费用"账户中核算的有(　　)。
   A. 广告费　　　　　　　　　　B. 展览费
   C. 专设销售机构人员工资　　　D. 专设销售机构房屋租金
10. 下列各项中,应该计入营业外支出的有(　　)。
    A. 出售固定资产净损失　　　　B. 固定资产盘亏净损失
    C. 无形资产摊销　　　　　　　D. 捐赠支出

### 三、判断题

1. 复式记账法是以资产与权益平衡关系作为记账的基础上,对于每一笔经济业务,都要在两个或两个以上相互联系的账户中进行登记,系统地反映资金运动变化结果的一种记账方法。(　　)
2. 借贷记账法的记账规则为:有借必有贷,借贷必相等。(　　)
3. "收入－费用＝利润"这一会计等式是复式记账法的理论基础,也是编制资产负债表的依据。(　　)
4. 借贷记账法下,借方表示增加。贷方表示减少。(　　)
5. 经济业务的发生,可能引起资产与权益总额发生变化,但不会破坏会计基本等式的平衡关系。(　　)
6. 会计分录只能编制一借一贷、一借多贷、一贷多借的,但不能编制多借多贷的会计分录,以避免对应关系的混乱。(　　)
7. 借贷记账法下,负债类账户与所有者权益类账户通常都有期末余额,且在借方。(　　)
8. 资产、负债与所有者权益的平衡关系是企业资金运动处于相对静止状态下出现的,如果考虑收入、费用等动态要素,则资产与权益总额的平衡关系必然被破坏。(　　)

9. 企业可以将不同类型的经济业务合并在一起,这样可以形成复合分录。（  ）

10. 运用单式记账法记录经济业务,可以反映每项经济业务的来龙去脉,可以检查每笔业务是否合理、合法。（  ）

### 四、计算题

1. 中西公司是一家工业生产企业,为增值税一般纳税人,增值税税率17%,存货采用实际成本法计价。某年11月发生如下经济业务：

（1）11月1日,采购甲材料,价款为2 000元,增值税额340元,未发生其他费用,款项上月已经支付,材料已验收入库。

（2）11月2日,购入甲材料一批,买价为5 000元,增值税额为850元,途中发生运杂费、保险费200元,各种款项已经通过银行存款支付,材料已验收入库。

（3）11月10日,购入乙材料一批,买价为2 000元,增值税额为340元,对方垫付运杂费300元,款项已经通过银行存款支付,但材料尚未验收入库。

（4）11月月25日,根据本月"发料凭证汇总表"分配原材料费用：基本生产车间领用甲材料5 000元,行政管理部门领用原材料200元,在建工程领用原材料1 000元(假定不考虑增值税因素)。

（5）11月30日,收到采购的丙材料,已验收入库,但是发票账单未到,款项尚未支付。企业暂估价为2 000元。

（6）11月30日,进行存货清查,盘亏乙材料20千克,单价为100元/千克,是收发计量差错造成的(假定不考虑增值税因素)。

要求：编制上述业务的会计分录(金额单位用元表示)。

2. 甲公司发生一笔销售业务,资料如下：

（1）某年11月8日向乙公司销售商品一批,货款为100 000元,增值税额为17 000元,代垫运费5 000元,已用银行存款支付。

（2）规定现金折扣的条件为"2/10,1/20,n/30"。(计算折扣金额考虑增值税)

（3）乙公司11月14日付款。

要求：根据上述资料编制甲公司有关会计分录。

3. 某企业计算本月应付职工工资总额231 000元,当月支付生产工人工资160 000元,车间管理人员工资35 000元,厂部管理人员工资30 200元,销售人员工资5 800元。代扣代缴个人所得税3 000元,实发工资228 000元,以库存现金发放。要求编制相关会计分录。

4. 某企业某年7月1日借入一笔期限为6个月的短期借款,本金为100 000元,季度利率为8%,每季度末计提利息,到期一次支付本息。要求编制取得借款、计提利息和偿还借款的分录。

5. 某企业赊销一批商品,增值税发票上注明的售价600 000元,增值税额102 000元,已确认销售收入,货到后买方发现商品质量不合格,要求在价格上给予3%的折让(增值税允许扣除),货款尚未收到(该折让不属于资产负债表日后事项)。要求编制相关会计分录。

# 第五章 借贷记账法下主要经济业务的账务处理

## 单项实训

### 【实训目标】

本实训使学生全面理解复式记账原理,熟悉借贷记账法下的账户结构,掌握借贷记账法的记账规则,初步具备运用借贷记账法编制会计分录、登记账户和编制试算平衡表的技能。

### 【实训步骤】

1. 根据资料(一),开设"T"形总账账户,登记期初余额。
2. 根据资料(二),用借贷记账法编制会计分录。
(1) 以经济业务序号作为会计分录的编号,并对每项经济业务作简要描述写入摘要栏内。
(2) 对每项经济业务所编制的会计分录,要求做到会计科目准确,借贷方向明确,金额正确,排列、书写规范。
3. 根据会计分录登记总账账户。
(1) 根据会计分录编号逐笔登记总分类账户,对已登记入账的会计分录在其金额右下角打"√"作为记账标记。
(2) 期初未开设而本期经济业务涉及的总账账户应补开齐全。
(3) 登记完毕后结出各账户的本期发生额合计和期末余额。
4. 编制发生额及余额试算平衡表。

### 【实训用具】

1. "T"形账户 20 个。
2. 会计分录簿 2 张,格式如表 5-1 所示。
3. 试算平衡表 1 张,格式如表 5-2 所示。

表 5-1

## 会 计 分 录
年　月

| 序 号 | 摘　要 | 会　计　分　录 |
|---|---|---|
|  |  |  |
|  |  |  |
|  |  |  |
|  |  |  |

表 5-2

## 试 算 平 衡 表
年　月

| 账户名称 | 期 初 余 额 | | 本 期 发 生 额 | | 期 末 余 额 | |
|---|---|---|---|---|---|---|
|  | 借 方 | 贷 方 | 借 方 | 贷 方 | 借 方 | 贷 方 |
|  |  |  |  |  |  |  |
|  |  |  |  |  |  |  |
|  |  |  |  |  |  |  |
|  |  |  |  |  |  |  |
|  |  |  |  |  |  |  |
| 合　计 |  |  |  |  |  |  |

会计主管：　　　　　　　　审核：　　　　　　　　制表：

【实训资料】

资料(一)　锋华厂××××年1月1日有关账户余额如表5-3所示。

表 5-3

### 锋华厂××××年1月1日有关账户余额

单位：元

| 账户名称 | 余　额 | 账户名称 | 余　额 |
|---|---|---|---|
| 库存现金 | 1 000 | 短期借款 | 430 000 |
| 银行存款 | 210 000 | 应付账款 | 180 000 |
| 应收账款 | 130 000 | 应付职工薪酬 | 115 300 |
| 原材料 | 250 000 | 应交税费 | 70 000 |
| 库存商品 | 100 000 | 长期借款 | 534 000 |
| 固定资产 | 3 500 000 | 实收资本 | 2 436 800 |
| 无形资产 | 120 000 | 资本公积 | 265 300 |
| 生产成本 | 34 500 | 利润分配 | 314 100 |
| 合　计 | 4 345 500 | 合　计 | 4 345 500 |

资料(二)　锋华厂1月份发生下列经济业务：

(1) 1日,从银行提取现金4 000元备用。

(2) 5日,收到国家投资生产用设备5台,价值453 800元。

(3) 7日,用存款58 000元偿还前欠泰华厂材料款。

(4) 8日,收到南方公司归还前欠货款32 000元存入银行。

(5) 10日,从银行取得短期借款50 000元,直接归还前欠益明公司货款。

(6) 11日,仓库发出材料一批,其中用于产品生产125 480元,厂部行政部门领用2 114元。

(7) 13日,采购员王楠因公出差,借支差旅费1 000元,以现金付讫。

(8) 15日,以存款缴纳税金70 000元。

(9) 16日,经董事会研究决定,将资本公积金100 000元转增资本金。

(10) 20日,购进材料一批,价款113 500元,材料已入库,以存款支付74 300元,余款暂欠。

(11) 23日,从银行提款115 300元发放工资。

(12) 24日,王楠出差归来,报销差旅费1 254元,以现金补付差额。

(13) 25日,经与本企业投资法人跃华厂协商,该厂代本企业偿还到期长期借款200 000元,此款作为跃华厂对本企业的追加投资。

(14) 27日,A产品完工入库180件,单位生产成本85.50元;B产品完工入库110件,单位生产成本54.64元。

(15) 29日,销售A产品245件,单位售价124元;销售B产品150件,单位售价73.50元,销售款已收妥存入银行。

(16) 30日,结转已销产品成本。[本期销售数量及单位产品生产成本见第(14)、第(15)笔经济业务]。

# 第六章 成本计算

## 习题

### 一、单项选择题

1. 下列不属于产品制造成本项目的是（　　）。
   A. 直接材料　　　　　　　　　B. 直接人工
   C. 制造费用　　　　　　　　　D. 财务费用
2. 下列属于制造费用范围的是（　　）。
   A. 车间用房折旧费　　　　　　B. 销售门店用房折旧费
   C. 办公楼租金　　　　　　　　D. 厂部办公用水电费
3. 能够计入产品成本的工资费用是（　　）。
   A. 车间管理人员的工资　　　　B. 在建工程人员的工资
   C. 专设销售机构人员的工资　　D. 企业管理部门人员的工资
4. 某工业企业为增值税小规模纳税人，2011年10月9日购入材料一批，取得的增值税专用发票上注明的不含税价款为21 200元，增值税额为3 604元。该企业适用的增值税税率为3%，材料入库前的挑选整理费为200元，材料已验收入库。则该企业取得的材料的入账价值应为（　　）元。
   A. 20 200　　　　　　　　　　B. 21 400
   C. 23 804　　　　　　　　　　D. 25 004
5. 下列各项中，不属于增值税一般纳税人存货成本的是（　　）。
   A. 商品的买价　　　　　　　　B. 商品的增值税（取得专用发票）
   C. 商品的消费税　　　　　　　D. 商品的运输费
6. 5月12日，A企业验收入库甲产品65台，实际单位成本2 000元，该企业的会计处理正确的是（　　）。
   A. 借：主营业务成本　　　　　　　　　　130 000
   　　　贷：库存商品——甲产品　　　　　　　　　130 000
   B. 借：生产成本　　　　　　　　　　　　130 000
   　　　贷：制造费用　　　　　　　　　　　　　　130 000
   C. 借：生产成本　　　　　　　　　　　　130 000
   　　　贷：库存商品　　　　　　　　　　　　　　130 000
   D. 借：库存商品　　　　　　　　　　　　130 000
   　　　贷：生产成本　　　　　　　　　　　　　　130 000

二、多项选择题
1. 材料物资采购成本包括（　　）。
   A. 买价和运杂费　　　　　　　B. 运输途中的合理损耗
   C. 入库前的挑选整理费　　　　D. 应负担的税金和其他费用
2. 直接材料是指构成产品主要实体的各种原料及主要材料，包括（　　）。
   A. 原材料及主要材料　　　　　B. 辅助材料
   C. 外购半成品　　　　　　　　D. 燃料和动力
3. 分配车间直接参加产品生产工人的职工薪酬时，涉及的账户是（　　）。
   A. 管理费用　　　　　　　　　B. 制造费用
   C. 生产成本　　　　　　　　　D. 应付职工薪酬

三、判断题
1. 成本是指企业为生产产品、提供劳务而发生的各种耗费。　　　　　　（　　）
2. 支出与费用的概念是相同的。　　　　　　　　　　　　　　　　　　（　　）
3. 产品制造成本与产品销售成本的构成是不同的。　　　　　　　　　　（　　）

四、简答题
简述材料物资采购成本的构成。

注：本章单项实训详见"第八章　会计账簿"相关的生产成本明细账登账实训。

# 第七章 会计凭证

## 习题

### 一、单项选择题

1. 将现金送存银行,应填制的记账凭证是( )。
   A. 现金收款凭证 B. 现金付款凭证
   C. 银行存款收款凭证 D. 银行存款付款凭证
2. 审核原始凭证所记录的经济业务是否符合企业生产经营需要、是否符合有关计划和预算,属于( )审核。
   A. 合理性 B. 合法性
   C. 真实性 D. 完整性
3. 记账凭证应根据审核无误的( )填制。
   A. 收款凭证 B. 付款凭证
   C. 转账凭证 D. 原始凭证
4. 出纳人员付出货币资金的依据是( )。
   A. 收款凭证 B. 付款凭证
   C. 转账凭证 D. 原始凭证
5. 企业常用的收款凭证、付款凭证和转账凭证均属于( )。
   A. 单式记账凭证 B. 复式记账凭证
   C. 一次凭证 D. 通用记账凭证
6. 出纳人员在办理收款或付款后,应在( )上加盖"收讫"或"付讫"戳记,以避免重收重付。
   A. 记账凭证 B. 付款凭证
   C. 收款凭证 D. 原始凭证
7. 会计凭证的传递,是指( )在单位内部有关部门和人员之间的传递程序。
   A. 会计凭证的填制或取得时起至归档保管过程中
   B. 会计凭证的填制到登记账簿止
   C. 会计凭证审核后到归档止
   D. 会计凭证的填制或取得到汇总登记账簿止
8. 会计机构和会计人员对真实、合法、合理但内容不准确、不完整的原始凭证,应当( )。
   A. 不予受理 B. 予以受理

C. 予以纠正　　　　　　　　　　D. 予以退回,要求更正、补充

9. 记账凭证的填制是由(　　)完成的。
   A. 出纳人员　　　　　　　　　B. 会计人员
   C. 经办人员　　　　　　　　　D. 主管人员

10. 各种原始凭证,除由经办业务的有关部门审核外,最后都要由(　　)进行审核。
    A. 财政部门　　　　　　　　　B. 董事会
    C. 总经理　　　　　　　　　　D. 会计部门

11. 可以不附原始凭证的记账凭证是(　　)。
    A. 更正错误的记账凭证　　　　B. 从银行提取现金的记账凭证
    C. 以现金发放工资的记账凭证　D. 职工临时性借款的记账凭证

12. 会计核算工作的基础环节是(　　)。
    A. 登记会计账簿　　　　　　　B. 填制和审核会计凭证
    C. 进行财物清查　　　　　　　D. 编制财物报表

13. 记账凭证的编制依据是(　　)。
    A. 会计分录　　　　　　　　　B. 经济业务
    C. 原始凭证或汇总原始凭证　　D. 账簿记录

14. 会计机构和会计人员对不真实、不合法的原始凭证和违法收支,应当(　　)。
    A. 不予接受　　　　　　　　　B. 予以退回
    C. 予以纠正　　　　　　　　　D. 不予接受,并向单位负责人报告

15. 在原始凭证上书写阿拉伯数字,错误的做法是(　　)。
    A. 金额数字前书写货币币种符号
    B. 币种符号与金额数字之间要留有空白
    C. 币种符号与金额数字之间不得留有空白
    D. 数字金额一律写到角分,有角无分的分位写"0",不得用符号"—"

二、多项选择题

1. 原始凭证的基本内容包括(　　)。
   A. 原始凭证的名称　　　　　　B. 原始凭证的种类
   C. 经济业务的性质　　　　　　D. 填制单位盖章

2. 以下属于汇总原始凭证的有(　　)。
   A. 差旅费报销单　　　　　　　B. 收料凭证汇总表
   C. 限额领料单　　　　　　　　D. 发料凭证汇总表

3. 下列原始凭证中,属于单位自制原始凭证的有(　　)。
   A. 收料单　　　　　　　　　　B. 限额领料单
   C. 产品入库单　　　　　　　　D. 领料单

4. 下列人员中,应在记账凭证上签名或盖章的有(　　)。
   A. 审核人员　　　　　　　　　B. 会计主管人员
   C. 记账人员　　　　　　　　　D. 制单人员

5. 下列各项中,符合填制会计凭证要求的有( )。
   A. 汉字大小写金额必须相符且填写规范
   B. 阿拉伯数字连笔书写
   C. 阿拉伯数字前面人民币符号写为"￥"
   D. 大写金额有分的,分字后面不写"整"或"正"字
6. 原始凭证审核的内容包括( )。
   A. 真实性    B. 合法性
   C. 正确性    D. 及时性
7. 记账凭证审核的内容有( )。
   A. 项目是否齐全    B. 科目是否正确
   C. 内容是否真实    D. 金额是否正确

### 三、判断题

1. 原始凭证是编制记账凭证的依据,是会计核算最基础的原始资料。( )
2. 原始凭证金额有错误的应当由出具单位重开,不得在原始凭证上更改。( )
3. 已登记入账的记账凭证在当年内发生填写错误时,可以用红字填写一张与原始凭证相同的记账凭证在摘要栏注明"注销某年某月某日某号凭证"字样。( )
4. 转账凭证只登记与库存现金和银行存款收付无关的经济业务。( )
5. 累计凭证是在一定期间内根据多张相同的原始凭证累计而成。( )
6. 企业的各种原始凭证都不得涂改、刮擦和变造,如果发生错误,应采用划线更正法进行更正。( )
7. 如果原始凭证预先印定编号,在写坏作废时,应加盖"作废"戳记,妥善保管,不得销毁。( )
8. 审核无误的原始凭证是登记账簿的直接依据。( )
9. 付款凭证只有在银行存款减少时才填制。( )
10. 根据规定,记账凭证必须附有原始凭证,但是结账和更正错误的记账凭证可以不附原始凭证。( )

### 四、简答题

1. 简述会计凭证的作用。
2. 简述原始凭证和记账凭证的区别。
3. 简述记账凭证编制的基本要求。

# 单项实训

## 实训一  原始凭证的填制

【实训目标】

本实训使学生明确原始凭证应具备的基本要素,熟悉部分有代表性的原始凭证,掌握

填制原始凭证的基本技能,能根据经济业务的性质、内容,正确地填制原始凭证,并完备有关手续,书写规范。

### 【实训步骤】

1. 熟悉经济业务。在填制原始凭证之前,要熟悉实训资料的每笔经济业务,对经济业务发生的原因、条件、制度规定和情况有所了解。

2. 在熟悉经济业务的基础上,逐笔填制原始凭证。

3. 对填制完毕的原始凭证,要逐笔检查业务手续是否齐全、完备。

### 【实训用具】

见所附原始凭证。

### 【实训资料】

资料(一) 文荣厂主要业务经办人员为:出纳员李英;采购员张力;仓库保管员王浩;会计主管刘伟。该厂开户行名称:A市工商支行城北办事处,账号:89—356。纳税人登记号××××××××××9186。

资料(二) 文荣厂××××年5月发生下列经济业务,经办人员需填写如下有关原始凭证:

(1) 1日,因零星开支需要,从银行提取现金3 400元备用,需填制现金支票1张(见原始凭证1)。

(2) 4日,采购员张力外出联系进货业务,借支现金1 500元,需填制借款单1张。(分管领导汪宏生)(见原始凭证2)。

(3) 9日,归还前欠振兴机械厂材料款43 700元。振兴机械厂开户银行:绵阳市工商支行长江路办事处,账号93—551。需填制信汇凭证1张(见原始凭证3)。

(4) 10日,根据生产通知单301#,材料仓库如数发给总装车间包装产品用包装箱120个,单价48元,领料人孙明。需填制领料单1张(见原始凭证4)。

(5) 13日,材料仓库收到市场物资公司送来特种钢材101#圆钢10吨,单价2 500元,发票号码46418。需填制收料单1张(见原始凭证5)。

(6) 15日,将零星销货款现金4 570元送存银行,其中面额100元的42张,50元的4张,10元的17张。需填制现金交款单1张(见原始凭证6)。

(7) 20日,销售给滨海市飞跃集团公司IW614型铸件8台,单价53 600元,增值税税率17%。滨海市飞跃集团公司开户行:滨海市工商支行第一分理所,账号4711,纳税人识别号383415。需填制增值税专用发票1张,委托银行收款结算凭证1张(见原始凭证$7\frac{1}{2}$,$7\frac{2}{2}$)。

(8) 25日,采购员张力出差归来,交通费、住宿费及补助情况如下:

5日早晨9时于本市起程,6日晚上10时到达郑州,火车硬座车票158元;22日晨6时从郑州市起程,次日晚8时返回本市,火车硬卧车票1张,计289元,公共汽车票25张,计59.50元;住宿单据1张,日标准100元,共16晚,计1 600元。按规定,生活补助每天40元,未坐硬卧补助票价的40%。需填制差旅费报销单1张和收据1张(见原始凭证$8\frac{1}{2}$、$8\frac{2}{2}$)。

(9) 28日,本厂总务科从市百货大楼购进办公桌10张,单价750元。所购货物交仓库保管员验收入库。需填制转账支票1张、办公用品验收单1张(见原始凭证$9\frac{1}{2}$、$9\frac{2}{2}$)。

(10) 30日,收到海宏公司转账支票1张,金额28 450元,归还前欠货款。该公司开户行:成都市建设支行第一分理所,账号63814。需填制银行进账单1张(见原始凭证10)。

## 原始凭证 1

**中国工商银行现金支票存根（桂）**
B/0 X/2 08746829

附加信息 _____

_____

出票日期　年　月　日

| 收款人： |
| 金　额： |
| 用　途： |
| 单位主管　　会计 |

**中国工商银行现金支票**（桂）广西 B/0 X/2 08746829

出票日期（大写）　年　月　日　　付款行名称：工行金苑支行
收款人：　　　　　　　　　　　　出票人账号：2104330809264805631

本支票付款期限十天

人民币（大写）　　　　　　　　　　　亿千百十万千百十元角分

用途 _____

上列款项请从我账户内支付

出票人签章　　　　　　复核　　　　记账

云南证券印务有限公司 2009 年印制

## 原始凭证 2

### 借 款 单
年　月　日

| 借款部门 | | 借款人 | |
|---|---|---|---|
| 借款金额 | 人民币（大写） | | |
| 借款事由 | | | |
| 领导审批 | | 会计主管 | 借款人签章 |

## 原始凭证 3

**中国工商银行信汇凭证**（回单）1 川(94) No

委托日期　年　月　日　　　　　第　号

| 汇款人 | 全　称 | | | 收款人 | 全　称 | | |
|---|---|---|---|---|---|---|---|
| | 账号或住址 | | | | 账号或住址 | | |
| | 汇出地点 | 省县市 | 汇出行名称 | | 汇出地点 | 省县市 | 汇出行名称 |
| 金额 | 人民币（大写） | | | | 千百十万千百十元角分 | | |
| 汇款用途： | | | | 汇出行盖章 | | | |
| 上列款项已根据委托办理，如需查询，请持此回单来行面洽 | | | | 年　月　日 | | | |
| 单位主管　　会计　　复核　　记账 | | | | | | | |

供实习生用

此联是汇出行付给汇款人的回单

原始凭证 4

## 文荣厂领料单

领料部门：　　　　　　　　　　　　　　　　　　　　　编号：
领料用途：　　　　　　　　年　月　日　　　　　　　　发料仓库：

| 材料编号 | 材料名称 | 单位 | 数量 | | 计价 | 金　　额 | | | | | | | | | |
|---|---|---|---|---|---|---|---|---|---|---|---|---|---|---|---|
| | | | 应领 | 实领 | | 千 | 百 | 十 | 万 | 千 | 百 | 十 | 元 | 角 | 分 |
| | | | | | | | | | | | | | | | |
| | | | | | | | | | | | | | | | |
| | | | | | | | | | | | | | | | |
| | | | | | | | | | | | | | | | |
| | | | | | | | | | | | | | | | |
| 备注 | | | | | 合计 | | | | | | | | | | |

会计记账

领料人：　　　　　　　　　　　发料人：


原始凭证 5

## 文荣厂收料单

领料单位：　　　　　　　　　　　　　　　　　　　　　编号：
发票号码：　　　　　　　　年　月　日　　　　　　　　仓库：

| 材料编号 | 材料名称 | 单位 | 数量 | | 计价 | 金　　额 | | | | | | | | | |
|---|---|---|---|---|---|---|---|---|---|---|---|---|---|---|---|
| | | | 应领 | 实领 | | 千 | 百 | 十 | 万 | 千 | 百 | 十 | 元 | 角 | 分 |
| | | | | | | | | | | | | | | | |
| | | | | | | | | | | | | | | | |
| | | | | | | | | | | | | | | | |
| | | | | | | | | | | | | | | | |
| | | | | | | | | | | | | | | | |
| 备注 | | | | | 合计 | | | | | | | | | | |

会计记账

收料人：　　　　　　　　　　　发料人：

原始凭证6

## 中国工商银行现金交款单（回单）①

××××年　月　日　　　对方科目

| 收款单位 | 全称 | | | | | | 款项来源 | | | | | |
|---|---|---|---|---|---|---|---|---|---|---|---|---|
| | 账号 | | | 开户银行 | | | 交款单位 | | | | | |

| 人民币（大写） | | | | | | | 百 | 十万 | 千 | 百 | 十元 | 角 | 分 |
|---|---|---|---|---|---|---|---|---|---|---|---|---|---|
| 票　面 | 壹佰元 | 伍拾元 | 拾元 | 伍元 | 贰元 | 壹元 | 伍角 | 贰角 | 壹角 | 伍分 | 贰分 | 壹分 | 合计金额 |
| 把(百张)数 | | | | | | | | | | | | | |
| 叠(二十张)数 | | | | | | | | | | | | | |
| 零张数 | | | | | | | | | | | | | |
| 合计金额 | | | | | | | | | | | | | |

收款　复核　银行盖章　年　月　日

第一联由银行盖章后退回单位（黑）

原始凭证7 1/2

## ××省增值税专用发票

### 发　票　联

№ 00005236

开票日期：××××年　月　日

| 购货单位 | 名称： | | | | | | |
|---|---|---|---|---|---|---|---|
| | 纳税人识别号： | | | | | 密码区 | |
| | 地址、电话： | | | | | | |
| | 开户行及账号： | | | | | | |
| 货物或应税劳务名称 | 规格型号 | 单位 | 数量 | 单价 | 金额 | 税率 | 税额 |
| | | | | | | | |
| | | | | | | | |
| 合　　计 | | | | | | | |
| 价税合计(大写) | | | | (小写) | | | |
| 销货单位 | 名称： | | | | | | |
| | 纳税人识别号： | | | | | 备注 | |
| | 地址、电话： | | | | | | |
| | 开户行及账号： | | | | | | |

收款人：　　　　复核：　　　　开票人：　　　　销货单位：(章)

第二联：发票联　购货方记账凭证

原始凭证 7 $\frac{2}{2}$

## 委托银行收款结算凭证（回单）

委邮 ① 委收号码：第 号

委托日期： 年 月 日

| 付款单位 | 全 称 | | 收款单位 | 全 称 | |
|---|---|---|---|---|---|
| | 账 号 | | | 账 号 | |
| | 开户银行 | 行号 | | 开户银行 | |

| 委收金额 | 人民币（大写） | 千 | 百 | 十 | 万 | 千 | 百 | 十 | 元 | 角 | 分 |
|---|---|---|---|---|---|---|---|---|---|---|---|
| | | | | | | | | | | | |

| 款项内容 | | 委托收款凭据名称 | | 附寄单证张数 | |
|---|---|---|---|---|---|

备注：

款项收妥日期　　（收款单位开户行盖章）
年 月 日　　　　　　　　　　　月 日

此联是收款单位的回单给收款单位开户银行

单位主管　　　复核　　　会计　　　记账

---

原始凭证 8 $\frac{1}{2}$

## 文荣厂差旅费报销单

第 号

| 出差人姓名 | | | | 出差事由 | | | | | | 预借款 | |
|---|---|---|---|---|---|---|---|---|---|---|---|
| 起程 | | | 到达 | | | 类别 | 金额 | 凭证数 | 其他 | 单位 | 金额 | 凭证数 | 报借款 |
| 月 | 日 | 时 | 地名 | 日 | 时 | 地名 | | | | | | | |

| 月 | 日 | 时 | 地名 | 日 | 时 | 地名 | 类别 | 金额 | 凭证数 | 其他 | 单位 | 金额 | 凭证数 | |
|---|---|---|---|---|---|---|---|---|---|---|---|---|---|---|
| | | | | | | | | | | 住宿 | | | | 报借款 |
| | | | | | | | | | | 市内车票 | | | | 退或补 |
| | | | | | | | | | | 未卧补助 | | | | 备注 |
| | | | | | | | | | | 伙食补助 | | | | 出纳 |
| 出差天数 | | | 合计 | | | 合计 | | | | | | | | 报销日期 年月日 |

合 计 金 额 （大写）

主管领导（签章）　　　会计主管（签章）　　　报销人（签章）

原始凭证 8 $\frac{2}{2}$

## 收 款 收 据

年　月　日

| | | 百 | 十万 | 千 | 百 | 元 | 角 | 分 |
|---|---|---|---|---|---|---|---|---|
| 人民币（大写） | | | | | | | | |

上款系

| 负责人 | 会　计 | 经手人 |
|---|---|---|
| | | |

住址

收款人

姓名

---

原始凭证 9 $\frac{1}{2}$

**中国工商银行**
**转账支票存根**
$\frac{B}{0}\frac{X}{2}$ 05353464

附加信息

出票日期　年　月　日

| 收款人： |
|---|
| 金　额： |
| 用　途： |

单位主管　　会计

云南证券印务有限公司 2009 年印制

**中国工商银行转账支票**（桂）广西 $\frac{B}{0}\frac{X}{2}$ 05353464

出票日期（大写）　　年　月　日　付款行名称：工行金苑支行

本支票付款期限十天

收款人：　　　　　　　　　　　　出票人账号：2104330809264805631

人民币（大写）　　　　　　　　　亿 千 百 十 万 千 百 十 元 角 分

用途＿＿＿＿

上列款项请从
我账户内支付

出票人签章　　　　　复核　　　　记账

原始凭证 9 $\frac{2}{2}$

## 用具用品验收单

验收部门　　　　　　　年　月　日　　　　　　第　号

| 编号 | 品名规格 | 数量 | 单位 | 单价 | 金额 |||||||||| |
|---|---|---|---|---|---|---|---|---|---|---|---|---|---|---|
| | | | | | 千 | 百 | 十 | 万 | 千 | 百 | 十 | 元 | 角 | 分 |
| | | | | | | | | | | | | | | |
| | | | | | | | | | | | | | | |
| | | | | | | | | | | | | | | |
| | | | | | | | | | | | | | | |
| | | | | | | | | | | | | | | |
| 合计 | | | | | | | | | | | | | | |

会计记账

验收人：

原始凭证 10

## 中国工商银行进账单（回单或收账通知）1

年　月　日　　　　　　第　号

| 出票人 | 全称 | | 收款人 | 全称 | |
|---|---|---|---|---|---|
| | 账号 | | | 账号 | |
| | 开户银行 | | | 开户银行 | |

| 委收金额 | 人民币：(大写) | 千 | 百 | 十 | 万 | 千 | 百 | 十 | 元 | 角 | 分 |
|---|---|---|---|---|---|---|---|---|---|---|---|
| | | | | | | | | | | | |

| 票据种类 | | 票据张数 | | 单位主管 会计 复核 记账 | 收款人开户行盖章 |
|---|---|---|---|---|---|
| 票据号码 | 票据金额 | 票据号码 | 票据金额 | | |
| | | | | | |
| | | | | | |

此联是收款人的收款回单或收款人开户银行通知收款人开户银行盖章通知给

## 实训二 原始凭证的审核

【实训目标】

本实训使学生明确原始凭证审核的必要性,掌握审核原始凭证的方法,能对接受的原始凭证按照《会计基础工作规范》中的要求进行审核。

【实训步骤】

1. 根据实训资料,对各项经济业务的文字叙述与所提供的原始凭证进行核对,审核原始凭证基本内容的真实性、合法性和准确性,对存在问题的凭证作出"△"形标记。

2. 根据实训资料,对原始凭证手续制度的完备进行审核,对存在问题的凭证作出"△"形标记。

3. 对有"△"形标记的原始凭证进行整理,指出存在的问题,提出处理意见;对于符合要求的原始凭证,应及时办理会计手续;对于业务真实但不符合要求的原始凭证,予以退回补正;对于不合法的原始凭证,应指出其错误,拒绝接受办理。根据审核结果填制"原始凭证审核意见表"。

【实训用具】

原始凭证审核意见表 1 张,格式如表 7-1 所示。

表 7-1

**原始凭证审核意见表**

| 会计事项题号 | 是否存在问题 | 处理意见 |
| --- | --- | --- |
|  |  |  |
|  |  |  |
|  |  |  |
|  |  |  |
|  |  |  |

【实训资料】

1. 实达厂主要业务经办人员为:出纳员王英;采购员李力;仓库保管员陈平;会计李涛;会计主管刘新。该厂开户行名称:B 市工商支行分理处,账号 6001002445。纳税人登记号×××××××××01536。

2. 实达厂××××年4月财会部门取得如下原始凭证：

(1) 1日，出纳员从银行提取现金2 800元，零星开支备用（见原始凭证1）。

(2) 2日，购进办公用品一批，其中计算器20个，单价108元；账夹10个，单价12.50元；钢笔25支，单价14.70元；凭证装订机1台，单价283元，以转账支票付讫，货已入库，销售单位市国贸商厦$\left(\text{见原始凭证}2\frac{1}{3}、2\frac{2}{3}、2\frac{3}{3}\right)$。

(3) 12日，向湘华厂购进甲材料和乙材料，增值税税率17%，以委托收款方式结算$\left(\text{见原始凭证}3\frac{1}{2}、3\frac{2}{2}\right)$。

(4) 14日，采购员从A市出差归来，应报差旅费2 056.00元（注：按规定采购员住宿最高限额为200元/晚）$\left(\text{见原始凭证}4\frac{1}{2}、4\frac{2}{2}\right)$。

**原始凭证 1**

中国工商银行
**现金支票存根**
湘 ZI 1121321

附加信息

出票日期 ××××年 4月1日

| 收款人：实达厂 |
| 金　额：￥2 800.00 |
| 用　途：备用 |
| 备　注： |

单位主管 刘 新　　会计记账 李 涛

**原始凭证 2 $\frac{1}{3}$**

中国工商银行
**转账支票存根**
湘 ZI 2115798

附加信息

出票日期 ××××年 4月2日

| 收款人：国贸商厦 |
| 金　额：￥2 935.50 |
| 用　途：购办公用品 |

单位主管 刘 新　　会计 李 涛

原始凭证 2 2/3

## 工商企业统一发票
### 发 票 联

发票代码：145040722223
发票号码：00019038

客户：实达厂

××××年4月2日

| 项 目 | 单 位 | 数 量 | 单 价 | 金 额 ||||||||  备 注 |
|---|---|---|---|---|---|---|---|---|---|---|---|
| | | | | 十 | 万 | 千 | 百 | 十 | 元 | 角 | 分 | |
| 计算器 | 个 | 20 | 108.00 | | | 2 | 1 | 6 | 0 | 0 | 0 | |
| 账夹 | 个 | 10 | 12.50 | | | | 1 | 2 | 5 | 0 | 0 | |
| 钢笔 | 支 | 25 | 14.70 | | | | 3 | 6 | 7 | 5 | 0 | |
| 装订机 | 台 | 1 | 283.00 | | | | 2 | 8 | 3 | 0 | 0 | |
| 合计（大写）贰仟玖佰叁拾伍元伍角整 | | | | ¥ | | 2 | 9 | 3 | 5 | 5 | 0 | |

收款单位盖章：**国贸商厦财务专用章**　　开票人：伍 大　　收款人：彭 忠　　发票监督电话

② 付款人发票

---

原始凭证 2 3/3

## 用 品 验 收 单

验收部门：总务科　　　　××××年4月2日　　　　第4号

| 项 目 | 单 位 | 数 量 | 单 价 | 金 额 ||||||||  备 注 |
|---|---|---|---|---|---|---|---|---|---|---|---|
| | | | | 十 | 万 | 千 | 百 | 十 | 元 | 角 | 分 | |
| 计算器 | 个 | 20 | 108.00 | | | 2 | 1 | 6 | 0 | 0 | 0 | |
| 账夹 | 个 | 10 | 12.50 | | | | 1 | 2 | 5 | 0 | 0 | |
| 钢笔 | 支 | 25 | 14.70 | | | | 3 | 6 | 7 | 5 | 0 | |
| 装订机 | 台 | 1 | 283.00 | | | | 2 | 8 | 3 | 0 | 0 | |
| 合　　计 | | | | ¥ | | 2 | 9 | 3 | 5 | 5 | 0 | |

验收人：

原始凭证 3 $\frac{1}{2}$

## ××省增值税专用发票
### 发 票 联

№ 00005236

开票日期：××××年4月12日

| 购货单位 | 名称：实达厂 | | | | | | | 密码区 | |
|---|---|---|---|---|---|---|---|---|---|
| | 纳税人识别号：××××××××01536 | | | | | | | | |
| | 地址、电话：B市××路××号 8315958 | | | | | | | | |
| | 开户行及账号：B市工行 6001002445 | | | | | | | | |

| 货物或应税劳务名称 | 规格型号 | 单位 | 数量 | 单价 | 金 额 | 税率 | 税额 |
|---|---|---|---|---|---|---|---|
| 甲材料 | | 千克 | 1 000 | 4.70 | 4 700 | 17% | 799.00 |
| 丙材料 | | 千克 | 500 | 29.7 | 14 850 | 17% | 2 524.50 |
| 合　　　计 | | | | | 19 550.00 | | 3 323.50 |
| 价税合计（大写） | 贰万贰仟捌佰柒拾叁元伍角整 | | | （小写）￥22 873.50 | | | |

| 销货单位 | 名称：湘华厂 | | 备注 |
|---|---|---|---|
| | 纳税人识别号：××××××××02581 | | |
| | 地址、电话：E市××路××号 4403259 | | |
| | 开户行及账号：E市工行 3002005671 | | |

收款人：　　　复核：　　　开票人：　　　销货单位：（章） 湘华厂 发票专用章

第二联：发票联　购货方记账凭证

---

原始凭证 3 $\frac{2}{2}$

[委邮]

## 委托银行收款结算凭证（支款通知）

××××年4月12日　　№ 0023121

委托日期：

| 收款人 | 全称 | 湘华厂 | 付款人 | 全称 | 实达厂 |
|---|---|---|---|---|---|
| | 账号 | 3002005671 | | 账号 | 6001002445 |
| | 开户银行 | E市工行支行 | | 开户银行 | B市工行支行 |

| 人民币（大写） | 贰万贰仟捌佰柒拾叁元伍角整 | 千 | 百 | 十 | 万 | 千 | 百 | 十 | 元 | 角 | 分 |
|---|---|---|---|---|---|---|---|---|---|---|---|
| | | | | | 2 | 2 | 8 | 7 | 3 | 5 | 0 |

| 款项内容 | 托收销货款 | 中国工商银行 B 市支行 业务专用章 | 收款单位公章 经手人 |
|---|---|---|---|
| 备注：增值税专用发票 | | 复核员　　记账员 | |

原始凭证 4 1/2

## 收 款 收 据

××××年4月14日   编号：002456

| 交款单位（或个人）：李 力 | | |
|---|---|---|
| 摘要：退回余差旅费 | | |
| 人民币：肆佰肆拾肆元整 | | ￥444.00 |
| 收款单位（盖章） | 实达厂财务专用章 | 备注：现金收讫 |

收款：王 英

---

原始凭证 4 2/2

## 差旅费报销单

部门：　　　　填报日期：××××年4月14日　　　　第　页 共　页

| 姓名 | 李 力 | 出差事由 | 采购材料 | | 出差日期 | 自××××年3月28日至××××年4月1日共5天 | | | | | |
|---|---|---|---|---|---|---|---|---|---|---|---|
| 起讫时间及地点 | | | | 车船费 | | 夜间乘车补贴 | | 出差补贴 | | 住宿费金额 | 总计金额 |
| 月 | 日 起 | 月 | 日 讫 | 类别 | 金额 | 时间 | 标准 金额 | 日数 | 标准 金额 | | |
| 3 | 28 B市 | 3 | 28 A市 | 火车 | 178 | | | 5 | 180 900 | 1 000（4晚） | |
| 4 | 1 A市 | 4 | 1 B市 | 火车 | 178 | | | | | | |
| | | | | | 356 | | | | 900 | 1 000 | 2 256 |

总计金额：贰仟贰佰伍拾陆元整　　　　预支2 500元核销2 056元退444元

主管：　　　　审核：　　　　填报人：李 力

## 实训三　通用记账凭证的填制和审核

【实训目标】

本实训使学生明确记账凭证应具备的基本要素,了解在借贷记账法下通用记账凭证的填制、审核、汇总的程序,掌握记账凭证填制、复核、汇总的基本技能,能准确地根据审核后的原始凭证确定会计分录,正确填制、审核记账凭证,懂得编制科目汇总表。

【实训步骤】

1. 按旬将实训资料中提供的原始凭证分张一一裁下,按经济业务类型进行整理、归类,一项经济业务涉及2张或2张以上原始凭证的,用别针别在一起,然后对原始凭证逐一进行审核。

2. 根据审核无误的原始凭证编制通用记账凭证,以每旬末为记账凭证的填制日期,记账凭证一律用碳素墨水笔书写,并将原始凭证用别针附在记账凭证后面。

3. 对所编制的记账凭证按月连续编号。

4. 对所编制的记账凭证按旬进行审核。

5. 对审核后的记账凭证按旬进行汇总,填制"科目汇总表"。

【实训用具】

1. 通用记账凭证40~50张。

2. "T"形账户汇总草表3张,科目汇总表3~4张。

3. 别针40~45枚。

【实训资料】

A市振兴厂××××年12月份有关经济业务如下:

(1) 1日,收回欠款存入银行(见原始凭证1)。

(2) 1日,从银行提取现金备发工资(见原始凭证2)。

(3) 2日,发放上月工资(见原始凭证3)。

(4) 4日,职工借支差旅费(见原始凭证4)。

(5) 6日,购进材料一批$\left(\text{见原始凭证}5\frac{1}{3}、5\frac{2}{3}、5\frac{3}{3}\right)$。

(6) 8日,购买国库券$\left(\text{见原始凭证}6\frac{1}{2}、6\frac{2}{2}\right)$。

(7) 9日,接受外商捐赠(见原始凭证7)。

(8) 9日,支付广告费$\left(\text{见原始凭证}8\frac{1}{2}、8\frac{2}{2}\right)$。

(9) 10日,缴纳增值税(见原始凭证9)。

(10) 10 日,取得银行借款(见原始凭证10)。

(11) 10 日,职工报销差旅费$\left(见原始凭证11\frac{1}{2}、11\frac{2}{2}\right)$。

(12) 10 日,上旬发料(见原始凭证12)。

(13) 11 日,归还借款(见原始凭证13)。

(14) 16 日,销售产品$\left(见原始凭证14\frac{1}{2}、14\frac{2}{2}\right)$。

(15) 18 日,购进材料一批$\left(见原始凭证15\frac{1}{3}、15\frac{2}{3}、15\frac{3}{3}\right)$。

(16) 18 日,接受投资$\left(见原始凭证16\frac{1}{2}、16\frac{2}{2}\right)$。

(17) 19 日,对外投资(见原始凭证17)。

(18) 20 日,偿还欠款(见原始凭证18)。

(19) 20 日,报销费用$\left(见原始凭证19\frac{1}{2}、19\frac{2}{2}\right)$。

(20) 20 日,提现备用(见原始凭证20)。

(21) 20 日,报销费用(见原始凭证21)。

(22) 20 日,中旬发料(见原始凭证22)。

(23) 23 日,收回欠款(见原始凭证23)。

(24) 25 日,现金存入银行(见原始凭证24)。

(25) 26 日,报销费用(见原始凭证25)。

(26) 27 日,销售产品一批(见原始凭证26)。

(27) 28 日,购进材料一批$\left(见原始凭证27\frac{1}{2}、27\frac{2}{2}\right)$。

(28) 31 日,下旬发料(见原始凭证28)。

(29) 31 日,分配本月工资及福利费(见原始凭证29)。

(30) 31 日,计提本月固定资产折旧(见原始凭证30)。

(31) 31 日,分配制造费用(见原始凭证31)。

(32) 31 日,完工产品入库$\left(见原始凭证32\frac{1}{3}、32\frac{2}{3}、32\frac{3}{3}\right)$。

(33) 31 日,计算结转产品销售成本(见原始凭证33)。

(34) 31 日,损益类账户转账(见原始凭证34)。

**原始凭证1**

## 中国工商银行进账单（回单或收账通知）

填送日期：××××年12月1日　　　　第　号

| 出票人 | 全　称 | 宏达公司 | 收款人 | 全　称 | 振兴厂 |
|---|---|---|---|---|---|
| | 账　号 | 3002001463 | | 账　号 | 6001002845 |
| | 开户银行 | B市支行 | | 开户银行 | A市工行 |

| 人民币（大写） | 伍万壹仟贰佰捌拾陆元整 | 千 百 十 万 千 百 十 元 角 分 |
|---|---|---|
| | | ￥ 5 1 2 4 6 0 0 |

| 票据种类 | 转支 |
|---|---|
| 票据张数 | 1 |

单位主管　　会计　　复核　　记账

中国工商银行
B市支行业务专用章

收款人开户行盖章

此联是收款人收入账通知开户银行的收款人开户银行

---

**原始凭证2**

### 中国工商银行
### 现金支票存根

湘ZI　2115798

附加信息

出票日期　××××年12月1日

| 收款人： | 王　红 |
|---|---|
| 金　额： | ￥53 080.00 |
| 用　途： | 备发工资 |

单位主管　张　力

**原始凭证 3**

## 工资结算汇总表

××××年12月2日　　　　　　　　　　　　　　　　　　单位：元

| 部　门 | 基本工资 | 奖　金 | 津　贴 | 应付工资 | 代 扣 款 项 | | 实发工资 |
| --- | --- | --- | --- | --- | --- | --- | --- |
| | | | | | 水电费 | 保险费 | |
| 生产车间 | 31 000 | 5 000 | 3 480 | 39 480 | 470 | 380 | 38 630 |
| 厂部管理人员 | 4 150 | 650 | 1 120 | 5 920 | 240 | 150 | 5 530 |
| 车间管理人员 | 6 500 | 900 | 2 140 | 9 540 | 360 | 260 | 8 920 |
| 合　计 | 41 650 | 6 550 | 6 740 | 54 940 | 1 070 | 790 | 53 080 |

工资结算单附后　　　　　　　单位主管　　　　　　　制表：刘　涛

**原始凭证 4**

## 借　款　单

××年12月4日

| 姓　名 | 韩　林 | 部　门 | 业务科 | 职　务 | 经　理 |
| --- | --- | --- | --- | --- | --- |
| 借款原因 | 联系销售 | | | | |
| 借支金额 | 壹仟伍佰元整 | | | | |
| 备　注 | 以现金支付 | | | | |

领导审批：　　　　　　财务审核：　　　　　　借款人签名：韩　林

**原始凭证 5 $\frac{1}{3}$**

中国工商银行
转账支票存根

湘 ZI　1121321

附加信息

出票日期 ××××年12月6日

收款人：物贸公司
金　额：￥46 800.00
用　途：购入A材料

单位主管 张　力　　会计 刘　涛

原始凭证 5 $\frac{2}{3}$

## ××省增值税专用发票

No 00086821

发票联

开票日期：××××年12月6日

| 购货单位 | 名称：振兴厂 |
| --- | --- |
| | 纳税人识别号：××××××××02586 |
| | 地址、电话：A市××路02536×号 8217988 |
| | 开户行及账号：A市工行 6001002845 |

密码区

| 货物或应税劳务名称 | 规格型号 | 单位 | 数量 | 单价 | 金　额 | 税率 | 税额 |
| --- | --- | --- | --- | --- | --- | --- | --- |
| A材料 | | 千克 | 4 000 | 10 | 40 000 | 17% | 6 800 |
| | | | | | | | |
| 合　　　计 | | | | | 40 000 | | 6 800 |
| 价税合计（大写） | 肆万陆仟捌佰元零角零分 | | | | （小写）￥46 800.00 | | |

| 销货单位 | 名称：物贸公司 |
| --- | --- |
| | 纳税人识别号：××××××××××01536 |
| | 地址、电话：A市××路××号 8315958 |
| | 开户行及账号：A市工行 6001002888 |

备注

收款人：　　　　复核：　　　　开票人：　　　　销货单位：（章）

物贸公司发票专用章

第二联：发票联　购货方记账凭证

---

原始凭证 5 $\frac{3}{3}$

## 收　料　单

供货单位：物贸公司　　　　　　　　　　　　　　　　编号：1012
发票号码：　　　　　××××年12月6日　　　　　　仓库：本厂
　　　　　　　　　　　　　　　　　　　　　　　　金额单位：元

| 材料编号 | 材料名称 | 规格 | 计量单位 | 数　量 | | 实　际　价　格 | | | 备注 |
| --- | --- | --- | --- | --- | --- | --- | --- | --- | --- |
| | | | | 应收 | 实收 | 单价 | 发票金额 | 运杂费用 | 合计 | |
| 02 | A材料 | | 千克 | 4 000 | 4 000 | 10 | 40 000 | / | 40 000 | |

| 质量检验记录 | 制造日期 | 合格证号 | 技术条件 | 质量状况 | 检查结论 |
| --- | --- | --- | --- | --- | --- |
| | ×××年3月 | 乙0015 | | 优 | 同意入库 |

采购人：　　　　检验员：　　　　记账员：　　　　保管员：王 平

原始凭证 6 $\frac{1}{2}$

## ××××年(三年期)国库券收据

××××年12月8日

| 购买单位 | 振兴厂 | 账号 | | 开户行 | A市工商支行 |
|---|---|---|---|---|---|
| 收款金额 | 人民币(大写)贰万元整 | | | | ￥20 000.00 |

上列国库券款项业已收讫　　经收(签发)单位：A市财政局国债服务部

××××年国库券还本付息栏

| 支付本息日期 | | | 年利率 | 支付本息金额 | | | 记账 | 复核 | 单位签章 |
|---|---|---|---|---|---|---|---|---|---|
| 年 | 月 | 日 | | 本金 | 利息 | 合计 | | | |
| | | | | | | | | | |
| | | | | | | | | | |
| | | | | | | | | | |

原始凭证 6 $\frac{2}{2}$

**中国工商银行**
**转账支票存根**

湘 ZI　1121322

附加信息
_____
_____
_____

出票日期 ××××年12月8日

| 收款人：财政局 |
|---|
| 金　额：￥20 000.00 |
| 用　途：购入国库券 |

单位主管 张 力　　会计 刘 涛

原始凭证 7

## 捐赠资产交接单
×××× 年 12 月 9 日

| 捐赠单位(人) | 关爱国 | | 接受单位(人) | 振兴厂 |
|---|---|---|---|---|
| 捐赠资产名称 | 原始价值 | 确认价值 | 已提折旧 | 预计使用年限 |
| 货车 | | 130 000.00 | | 10 年 |
| 合计人民币大写 壹拾叁万元整 | | | | |
| 备注 | | | | |

原始凭证 8 1/2

## 中国工商银行
### 转账支票存根
湘 ZI 1121323

附加信息

出票日期 ×××× 年 12 月 10 日

| 收款人：A 市经济电视台 |
| 金　额：￥ 4 500.00 |
| 用　途：支付广告费 |

单位主管 张 力　　会计 刘 涛

原始凭证 8 2/2

## 市电视台发票

发票代码：145040723223
发票号码：00019736
×××× 年 12 月 10 日

客户：振兴厂

| 项目 | 单位 | 数量 | 单价 | 金额 十万千百十元角分 | 备注 |
|---|---|---|---|---|---|
| 广告 | 次 | 10 | 450 | 4 5 0 0 0 0 | |
| 合计(大写) 肆仟伍佰元整 | | | | ￥ 4 5 0 0 0 0 | |

收款人单位盖章：A 市经济电视台财务专用章　　开票人：朱 明　　收款人：蔡 忠

② 付款人发票

原始凭证9

## 中华人民共和国税收缴款书

长 A 字：

隶属关系：**高级**

经济类型：**国有**

收入机关：**税务局**　　填发日期：××××年4月10日

| 预算科目 | 款 | 增值税 | 缴款单位 | 代　码 | 103564328 |
|---|---|---|---|---|---|
| | 项 | 一般增值税 | | 全　称 | 振兴厂 |
| | 级次 | 中央75% ｜ 市级25% | | 开户银行 | A市支行 |
| | 收款国库 | 总金库 ｜ 市金库 | | 账　号 | 6001002845 |

税款所属时间 ××××年11月　日　　税款限缴日期 ××××年12月10日

| 品目名称 | 课税数量 | 计税金额或销售收入 | 应缴税额 | 已缴或扣除额 | 千 | 百 | 十 | 万 | 千 | 百 | 十 | 元 | 角 | 分 |
|---|---|---|---|---|---|---|---|---|---|---|---|---|---|---|
| 增值税 | | 87 000 | | | | | ¥ | 8 | 7 | 0 | 0 | 0 | 0 | 0 |
| | | | | | | | | | | | | | | |
| 金额合计 | （大写）捌万柒仟元整 | | | | | | ¥ | 8 | 7 | 0 | 0 | 0 | 0 | 0 |
| 缴款单位（人）（盖章）经办人（章） | 税务机关（盖章）分局填票人（单） | 上列款项已收妥并划转收款单位账户国库（银行）盖章年 月 日 | | 备注 | 中国工商银行A市支行业务专用章 | | | | | | | | | |

逾期不缴按税法规定加收滞纳金

---

原始凭证10

## 借　款　借　据（收账通知）

××××年12月10日

| 借款单位 | A市振兴厂 | 借款单位账号 | |
|---|---|---|---|
| 借款金额 | 人民币（大写）贰拾万元整 | | ¥200 000.00 |
| 借款用途 | 生产经营 | | |
| 借款期限 | 期限六个月，于××××年6月10日到期 | | |
| 上列借款已批准发放，转入你单位存款账户银行签章 | | 单位分录（借）　　　　（贷）主管　　会计　　复核　　记账年　月　日 | |

原始凭证 11 1/2

## 差旅费报销单

部门：　　　　　　　填报日期：××××年12月10日　　　　第　页 共　页

| 姓名 | 韩林 | | | 出差事由 | 采购材料 | | 出差日期 | | 自××××年12月5日至××××年12月10日共6天 | | |
|---|---|---|---|---|---|---|---|---|---|---|---|
| 起讫时间及地点 | | | | | 车船费 | | 夜间乘车补贴 | | 出差补贴 | 住宿费 | 合计 |
| 月 | 日 | 起 | 月 | 日 | 讫 类别 | 金额 | 时间 | 标准 金额 | 日数 标准 金额 | 金额 | 金额 |
| 12 | 5 | A市 | 12 | 5 | B市 火车 | 410 | | | 164 | 160 | |
| 12 | 6 | B市 | 12 | 10 | A市 火车 | 476 | | | | | |
| | | | | | | 886 | | | 164 | 160 | 1 210 |

总计金额：壹仟贰佰壹拾元整　　　　预支1 500元核销1 210元退290元

主管：张力　　　审核：　　　填报人：韩林

---

原始凭证 11 2/2

## 收款收据

××××年12月10日　　　　编号：00245896

| 交款单位（或个人）：韩林 | | |
|---|---|---|
| 摘要：退回余差旅费 | | |
| 人民币：贰佰玖拾元整 | | ￥290.00 |
| 收款单位（盖章） | 振兴厂 财务专用章 | 备注　现金收讫 |

收款：王红

---

原始凭证 12

## 发出材料汇总表

××××年12月10日　　　　单位：元

| 领料部门及用途 | A材料 | B材料 | C材料 | 合计 |
|---|---|---|---|---|
| 基本生产车间——甲产品 | 30 300 | 17 500 | 12 000 | 59 800 |
| 基本生产车间——乙产品 | 10 100 | 28 000 | 6 000 | 44 100 |
| 车间一般耗用 | 505 | | | 505 |
| 厂部一般耗用 | 202 | | | 202 |
| 合计 | 41 107 | 45 500 | 18 000 | 104 607 |

制单：刘平

原始凭证 13

**中国工商银行**
**转账支票存根**
湘 ZI 1121324

附加信息

出票日期 ××××年 12月11日
收款人：A市工商支行
金　额：¥70 000.00
用　途：归还短期借款

单位主管 张 力　　会计 刘 涛

原始凭证 14 1/2

**××省增值税专用发票**　　№ 00045021
**记 账 联**
开票日期：××××年 12月13日

| 购货单位 | 名称：市商贸集团 |
| --- | --- |
| | 纳税人识别号：××××××××02563 |
| | 地址、电话：A市××路××号 82159568 |
| | 开户行及账号：A市农行 400200769 |

| 货物或应税劳务名称 | 规格型号 | 单位 | 数量 | 单价 | 金　额 | 税率 | 税额 |
| --- | --- | --- | --- | --- | --- | --- | --- |
| 甲产品 | | 件 | 120 | 280 | 33 600.00 | 17% | 5 712.00 |
| 乙产品 | | 件 | 50 | 1 300 | 65 000.00 | 17% | 11 050.00 |
| 合　　计 | | | | | 98 600.00 | | 16 762.00 |

价税合计（大写）　壹拾壹万伍仟叁佰陆拾贰元　（小写）¥115 362.00

| 销货单位 | 名称：振兴厂 |
| --- | --- |
| | 纳税人识别号：××××××××02586 |
| | 地址、电话：A市××路××号 8217988 |
| | 开户行及账号：A市工行 6001002845 |

收款人：　　复核：　　开票人：　　销货单位：（章）振兴厂发票专用章

第四联：记账联 销货方记账凭证

原始凭证 14 2/2

## 中国工商银行进账单（回单或收账通知）

××××年12月16日　　　　第　号

| 出票人 | 全称 | 市商贸集团 | 收款人 | 全称 | 振兴厂 |
|---|---|---|---|---|---|
| | 账号 | 4002007690 | | 账号 | 6001002845 |
| | 开户银行 | A市农行 | | 开户银行 | A市工行 |

| 人民币（大写） | 壹拾壹万伍仟叁佰陆拾贰元 | 千 百 十 万 千 百 十 元 角 分 |
|---|---|---|
| | | ￥ 1 1 5 3 6 2 0 0 |

| 票据种类 | | 票据张数 | |
|---|---|---|---|
| 票据号码 | | | |

中国工商银行A市
支行业务专用章

收款人开户行盖章

| 单位主管 | 会计 | 复核 | 记账 |
|---|---|---|---|

交此收联是收款人收账通知
此收款人开户银行

---

原始凭证 15 1/3

## 收　料　单

供货单位：平安厂　　　　　　　　　　　　　　　　　　　编号：1013
发票号码：　　　　　　××××年12月16日　　　　　仓库：本厂
　　　　　　　　　　　　　　　　　　　　　　　　　　　金额单位：元

| 材料编号 | 材料名称 | 规格 | 计量单位 | 数量 | | 实际价格 | | | 备注 |
| | | | | 应收 | 实收 | 单价 | 发票金额 | 运杂费用 | 合计 | |
|---|---|---|---|---|---|---|---|---|---|---|
| | B材料 | | 千克 | 10 000 | 10 000 | 1.80 | 18 000 | | 18 000 | |
| | C材料 | | 千克 | 400 | 400 | 100.00 | 40 000 | | 40 000 | |
| 合计 | | | | | | | | | 58 000 | |
| 质量检验记录 | 制造日期 | | 合格证号 | | 技术条件 | | 质量状况 | | 检查结论 | |
| | ××××年4月 | | 甲013 | | | | 优 | | 同意入库 | |

采购人：　　　　　　检验员：　　　　　　记账员：　　　　　　保管员：刘平

原始凭证 15 2/3

## ××省增值税专用发票
### 发票联

№ 00086821

开票日期：××××年12月16日

| 购货单位 | 名称：振兴厂 |
| --- | --- |
| | 纳税人识别号：××××××××02586 |
| | 地址、电话：A市××路××号 8217988 |
| | 开户行及账号：A市工行 6001002845 |

密码区

| 货物或应税劳务名称 | 规格型号 | 单位 | 数量 | 单价 | 金额 | 税率 | 税额 |
| --- | --- | --- | --- | --- | --- | --- | --- |
| B材料 | | 千克 | 10 000 | 1.80 | 18 000 | 17% | 3 060 |
| C材料 | | 千克 | 400 | 100.00 | 40 000 | 17% | 6 800 |
| 合　计 | | | | | 58 000 | | 9 860 |

价税合计（大写）　陆万柒仟捌佰陆拾元零角零分　（小写）¥67 860.00

| 销货单位 | 名称：平安厂 |
| --- | --- |
| | 纳税人识别号：×××××××××02536 |
| | 地址、电话：B市××路××号 8315999 |
| | 开户行及账号：B市工行 6001002444 |

收款人：　　　复核：　　　开票人：　　　销货单位：（章）　平安厂发票专用章

第二联：发票联　购货方记账凭证

---

原始凭证 15 3/3

## 中国工商银行托收承付结算凭证（回单）

委托日期：××××年12月16日　　　　第　号

| 收款人 | 全称 | 平安厂 | 付款人 | 全称 | 振兴厂 |
| --- | --- | --- | --- | --- | --- |
| | 账号 | 6001002444 | | 账号 | 6001002845 |
| | 开户银行 | B市支行 | | 开户银行 | A市支行 |

| 人民币（大写） | 陆万柒仟捌佰陆拾元整 | 千 | 百 | 十 | 万 | 千 | 百 | 十 | 元 | 角 | 分 |
| --- | --- | --- | --- | --- | --- | --- | --- | --- | --- | --- | --- |
| | ¥ | | | 6 | 7 | 8 | 6 | 0 | 0 |

| 附件：发票 | 商品发运情况 | 合同号码 |
| --- | --- | --- |
| 票据1张 | 托运 | 0315 |

单位主管　会计　复核　记账　　　收款人开户行盖章：中国工商银行B市支行业务专用章

原始凭证 16 1/2

## 接受投资收据
××××年12月18日

| 投资单位：胜利厂 | | | 投资日期：××××年12月1日 | |
|---|---|---|---|---|
| 投资项目 | 原 值 | 评估价值 | 投资期限 | 备 注 |
| 货币资金 | | 200 000.00 | 20 年 | |
| | | | | |
| 投资金额合计人民币大写：贰拾万元整 | | | ￥200 000.00 | |

接受单位：振兴厂　　负责人：张 力　　制单：李 涛

原始凭证 16 2/2

## 中国工商银行进账单（回单或收账通知）
××××年12月18日　　　第　号

| 出票人 | 全 称 | 胜利厂 | 收款人 | 全 称 | 振兴厂 | |
|---|---|---|---|---|---|---|
| | 账 号 | 4002007690 | | 账 号 | 6001002845 | 交此联是收款人收账通知 |
| | 开户银行 | A市工行 | | 开户银行 | A市工行 | |

| 人民币（大写） | 贰拾万元整 | 千百十万千百十元角分 |
|---|---|---|
| | | ￥ 2 0 0 0 0 0 0 0 |
| 票据种类 | | 中国工商银行 |
| 票据张数 | | A市支行业务专用章 |
| 单位主管　会计　复核　记账 | | 收款人开户行盖章 |

原始凭证 17

## 接受投资收据
××××年12月19日

| 投资单位：振兴厂 | | | 投资日期：××××年12月20日 | |
|---|---|---|---|---|
| 投资项目 | 原 值 | 评估价值 | 投资期限 | 备 注 |
| 电脑 | 800 000 | 68 000.00 | 10 年 | 已提折旧 732 000 |
| | | | | |
| 投资金额合计人民币大写：陆万捌仟元整 | | | ￥68 000.00 | |

接受单位：鸿运公司　　负责人：陈 昌　　制单：

原始凭证 18

## 中国工商银行信汇凭证（回单）

委托日期：××××年 12 月 18 日　　　　第 203 号

| 收款人 | 全　称 | 湘华厂 | 付款人 | 全　称 | 振兴厂 |
|---|---|---|---|---|---|
| | 账　号 | 3002005671 | | 账　号 | 6001002845 |
| | 开户银行 | E 市工行 | | 开户银行 | A 市工行 |

| 人民币(大写) | 伍万叁仟陆佰肆拾元整 | 千 | 百 | 十万 | 千 | 百 | 十元 | 角 | 分 |
|---|---|---|---|---|---|---|---|---|---|
| | | | ¥ | 5 | 3 | 6 | 4 0 | 0 | 0 |

| 汇款用途 | 归还货款 |
|---|---|

| 开户单位 汇入银行盖章 | 中国工商银行 A 市支行业务专用章 | （此栏略） | 汇到日期 12 月 18 日 |
|---|---|---|---|

第一联　付款单位支款凭证

---

原始凭证 19

## 振兴厂费用报销单

报销日期　××××年 12 月 20 日　　　　附件 5 张

| 费用项目 | 金　额 | 主管领导意见 | 情况属实，同意报销 |
|---|---|---|---|
| 业务招待费 | 500.00 | | |
| 办公楼维修费 | 3 000.00 | | |
| | | 报销人 | 刘 蓬 |
| | | | |
| 报销金额合计 | ¥ 3 500.00 | | |

人民币大写：叁仟伍佰元整

审核：　　　　　　　　　出纳：王　红

原始凭证 20

## 中国工商银行
### 现金支票存根
湘 ZI 2115800

附加信息

出票日期 ××××年 12 月 20 日

| | |
|---|---|
| 收款人： | 王 红 |
| 金　额： | ¥600.00 |
| 用　途： | 备用金 |

单位主管 张 力　　会计 刘 涛

---

原始凭证 21

## 振兴厂费用报销单

报销日期 ××××年 12 月 20 日　　　　　　　　附件 1 张

| 费用项目 | 金　额 | 主管领导意见 | 情况属实，同意报销 |
|---|---|---|---|
| 电话费 | 186.00 | | |
| | | | |
| | | 报销人 | 韩 林 |
| | | | |
| | | | |
| 报销金额合计 | ¥186.00 | | |

人民币大写：壹佰捌拾陆元整

　　　　审核：　　　　　　　　　　出纳：王 红

原始凭证 22

## 发出材料汇总表

××××年12月20日

附件 14 张

单位：元

| 领料部门及用途 | A 材料 | B 材料 | C 材料 | 合 计 |
|---|---|---|---|---|
| 基本生产车间——甲产品 | 35 350 | 10 500 | 630 | 46 480 |
| 基本生产车间——乙产品 | 8 484 | 52 500 | 1 370 | 62 354 |
| 车间一般耗用 | 505 | 280 |  | 785 |
| 厂部一般耗用 | 101 |  |  | 101 |
| 合　　　计 | 44 440 | 63 280 | 2 000 | 109 720 |

制单：刘 平

原始凭证 23

## 收 款 收 据

××××年12月23日

编号：00245898

| 交款单位（或个人）：陈 勇 | | | |
|---|---|---|---|
| 摘要：收回个人欠款 | | | |
| 人民币：叁仟伍佰元整 | | ￥3 500.00 | |
| 收款单位（盖章） | 振兴厂 财务专用章 | 备注 | 现金收讫 |

收款：王 红

原始凭证 24

## 中国工商银行存款凭条

××××年12月25日

| 存款人 | 全 称 | 振兴厂 | 款项来源 | 零售销货款 |
|---|---|---|---|---|
| | 账 号 | 6001002845 | 交款人 | ×× |
| | 开户行 | A市支行 | | |

| 人民币（大写） | 壹万叁仟贰佰元整 | 千 | 百 | 十 | 万 | 千 | 百 | 十 | 元 | 角 | 分 |
|---|---|---|---|---|---|---|---|---|---|---|---|
| | | | ￥ | 1 | 3 | 2 | 0 | 0 | 0 | 0 | |
| 辅币 | | | | | 中国工商银行A市 支行业务专用章 | | | | | | |
| 主币 | | | | | 收款人开户行盖章 | | | | | | |

此联由银行盖章后退回单位

**原始凭证 25**

## 职工医药费报销单

××××年 12 月 26 日　　　　　　　　附单据 5 张

| 报销人 | 李 大 | 报销比例 | 80% |
|---|---|---|---|
| 病　因 | 肠 炎 | 支出医药费 | 1 000 元 |
| 可报销金额 | 人民币大写：捌佰元整 | | ￥800.00 |

主管：张 力　　　　会计：　　　　　　出纳：王 红

---

**原始凭证 26**

## 增值税专用发票

开票日期：　　　　　××××年 12 月 27 日　　　　　№ 0045024

| 购货单位 | 名　称 | 向阳厂 | 纳税人登记号 | ××××××××××0579 |
|---|---|---|---|---|
| | 地址电话 | D 市 8217869 | 开户行及账号 | D 市工行 4005002586 |

| 货物或应税劳务名称 | 计量单位 | 数量 | 单价 | 金额 | 税率 | 金额 |
|---|---|---|---|---|---|---|
| 甲产品 | 件 | 60 | 290 | 17 400 | 17% | 2 958 |
| 乙产品 | 件 | 40 | 1 200 | 48 000 | 17% | 8 160 |
| 合　计 | | | | 65 400 | | 11 118 |
| 价税合计（大写） | 柒万陆仟伍佰壹拾捌元零角零分 | | | ￥76 518.00 | | |

| 购货单位 | 名　称 | 振兴厂 | 纳税人登记号 | ××××××××××02586 |
|---|---|---|---|---|
| | 地址电话 | A 市 8217988 | 开户行及账号 | A 市工行 6001002845 |
| 备注 | | | | |

收款人：　　　　　　　　　　　开票单位：　市振兴厂

---

**原始凭证 27 1/2**

## ××省增值税专用发票

发 票 联　　　开票日期：××××年 12 月 28 日　　　№ 00025129

| 购货单位 | 名称：振兴厂 |  | 密码区 |
|---|---|---|---|
| | 纳税人识别号：××××××××××02586 | | |
| | 地址、电话：A 市××路××号 8217988 | | |
| | 开户行及账号：A 市工行 6001002845 | | |

| 货物或应税劳务名称 | 规格型号 | 单位 | 数量 | 单价 | 金额 | 税率 | 税额 |
|---|---|---|---|---|---|---|---|
| A 材料 | | 千克 | 5 000 | 12.00 | 60 000 | 17% | 10 200 |
| B 材料 | | 千克 | 3 000 | 7.00 | 21 000 | 17% | 3 570 |
| 合　计 | | | | | 81 000 | | 13 770 |
| 价税合计（大写） | 玖万肆仟柒佰柒拾元零角零分 | | | | （小写）￥94 770.00 | | |

| 销货单位 | 名称：物贸公司 | 备注 |
|---|---|---|
| | 纳税人识别号：××××××××××01536 | |
| | 地址、电话：A 市××路××号 8315958 | |
| | 开户行及账号：A 市工行 6001002888 | |

收款人：　　复核：　　开票人：　　销货单位：（章）　物贸公司发票专用章

第二联：发票联　购货方记账凭证

原始凭证 27 2/2

## 收 料 单

供货单位：物贸公司  
发票号码：  
×××× 年 12 月 28 日

编号：1015  
仓库：本厂 2#  
金额单位：元

| 材料编号 | 材料名称 | 规格 | 计量单位 | 数量 | | 实 际 价 格 | | | 备注 |
| --- | --- | --- | --- | --- | --- | --- | --- | --- | --- |
| | | | | 应收 | 实收 | 单价 | 发票金额 | 运杂费用 | 合计 | |
| | A 材料 | | 千克 | 5 000 | 5 000 | 12 | 60 000 | | 60 000 | |
| | B 材料 | | 千克 | 3 000 | 3 000 | 7 | 21 000 | | 210 000 | |
| 合计 | | | | 8 000 | 8 000 | | 81 000 | | 81 000 | |
| 质量检验记录 | 制造日期 | | 合格证号 | | 技术条件 | | 质量状况 | | 检查结论 | |
| | ×××× 年 4 月 | | 甲 013 | | | | 优 | | 同意入库 | |

采购人：　　　　　检验员：　　　　　记账员：　　　　　保管员：刘 平

---

原始凭证 28

## 发出材料汇总表

×××× 年 12 月 31 日

附件 14 张  
单位：元

| 领料部门及用途 | A 材料 | B 材料 | C 材料 | 合 计 |
| --- | --- | --- | --- | --- |
| 基本生产车间——甲产品 | 20 000 | 23 000 | 720 | 43 720 |
| 基本生产车间——乙产品 | 15 150 | 49 000 | 4 800 | 68 950 |
| 车间一般耗用 | 606 | | | 606 |
| 厂部一般耗用 | 252 | 105 | | 357 |
| 合　　计 | 36 008 | 72 105 | 5 520 | 113 633 |

制单：刘 平

---

原始凭证 29

## 工资及福利费用分配汇总表

×××× 年 12 月 31 日　　　　　　　　　　　　　　单位：元

| 项　　目 | | 工资总额 | 职工福利费（14%） | 合　　计 |
| --- | --- | --- | --- | --- |
| 总账 | 明细账 | | | |
| 生产成本 | 甲产品 | 20 000 | 2 800 | 22 800 |
| | 乙产品 | 15 000 | 2 100 | 17 100 |
| | 小 计 | 35 000 | 4 900 | 39 900 |
| 制造费用 | | 3 000 | 420 | 3 420 |
| 管理费用 | | 2 000 | 280 | 2 280 |
| 合　计 | | 40 000 | 5 600 | 45 600 |

制单：

原始凭证 30

## 固定资产折旧计算提取表

××××年 12 月 31 日　　　　　　　　金额单位：元

| 使用部门 | 固定资产类别 | 固定资产月初原值 | 月折旧率 | 月折旧额 |
|---|---|---|---|---|
| 生产车间 | | 3 586 000 | 0.005 | 12 684 |
| 厂部 | | 2 150 000 | 0.005 | 10 750 |
| | | | | |
| 合　计 | | | | 23 434 |

制单：刘　涛

原始凭证 31

## 制造费用分配表

××××年 12 月 31 日　　　　　　　　金额单位：元

| 产　品 | 分配标准（工时） | 分配率 | 分配金额 | 备　注 |
|---|---|---|---|---|
| 甲产品 | 8 000 | | | |
| 乙产品 | 12 000 | | | |
| | | | | |
| 合　计 | 20 000 | | 18 000 | |

（注：按工时分配制造费用，计算后填入相应栏内）　　制单：刘　涛

原始凭证 32 $\frac{1}{2}$

## 产品生产成本计算单

××××年 12 月 31 日　　　　　　　　　　单位：元

| 成本项目 | 甲产品 1 200 件（全部完工） | | 乙产品 200 件（全部完工） | |
|---|---|---|---|---|
| | 总成本 | 单位成本 | 总成本 | 单位成本 |
| 直接材料 | | | | |
| 直接人工 | | | | |
| 制造费用 | | | | |
| 合　计 | | | | |

（请先计算产品的单位成本）　　　　　　　　　　制单：刘　涛

原始凭证32 2/2

## 产成品入库单（财会记账联）

××××年12月31日　　　　　　　　　　　仓库5号

| 品名 | 规格 | 计量单位 | 入库数量 | 单位成本 | 总 成 本 ||||||||
|---|---|---|---|---|---|---|---|---|---|---|---|---|
|  |  |  |  |  | 十万 | 万 | 千 | 百 | 十 | 元 | 角 | 分 |
| 甲产品 |  | 件 | 1 200 |  |  |  |  |  |  |  |  |  |
| 乙产品 |  | 件 | 200 |  |  |  |  |  |  |  |  |  |
|  |  |  |  |  |  |  |  |  |  |  |  |  |

负责人：　　　　记账：　　　　验收：刘 平　　　　经办人：

原始凭证33

## 产品销售成本计算表

××××年12月31日　　　　　　　　　　　单位：元

| 产品 | 单位 | 销售数量 | 单位成本 | 销售总成本 | 备注 |
|---|---|---|---|---|---|
| 甲产品 | 件 | 180 |  |  |  |
| 乙产品 | 件 | 90 |  |  |  |
|  |  |  |  |  |  |
|  |  |  |  |  |  |
| 合计 |  |  |  |  |  |

（注：先完成表中相关内容的填列再做分录）　　　　制单：刘 平

原始凭证34

## 结转"本年利润"明细表

××××年12月31日　　　　　　　　　　　单位：元

| 账户名称 | 转入贷方金额 | 账户名称 | 转入借方金额 |
|---|---|---|---|
| 主营业务收入 |  | 主营业务成本 |  |
|  |  | 管理费用 |  |
|  |  | 销售费用 |  |
|  |  | 财务费用 |  |
|  |  |  |  |
| 合计 |  | 合计 |  |

制单：刘 涛

## 实训四　　专用记账凭证的填制

【实训目标】

本实训使学生熟悉在借贷记账法下专用记账凭证的格式,掌握专用记账凭证填制、汇总的基本技能,能较规范地填制各种专用记账凭证和汇总记账凭证。

【实训步骤】

1. 根据实训资料按旬逐笔填制专用记账凭证,仍以旬末为记账凭证的填制日期。

2. 按旬编制汇总记账凭证。

(1) 根据收款凭证汇总编制以库存现金、银行存款的借方设置的汇总收款凭证。

(2) 根据付款凭证汇总编制以库存现金、银行存款的贷方设置的汇总付款凭证。

(3) 根据转账凭证汇总编制以各贷方科目设置的汇总转账凭证。

3. 将各类记账凭证按编号顺序整理附在其汇总记账凭证下面,按月将记账凭证装订成册。

【实训用具】

1. 收款凭证 6 张(见表 7-1),付款凭证 20 张(见表 7-2),转账凭证 10 张(见表 7-3)。

2. 汇总收款凭证 6 张(见表 7-4),汇总付款凭证 6 张(见表 7-5),汇总转账凭证 12 张(见表 7-6)。

3. 别针 40 枚,票夹 1 个。

【实训资料】

实训三的全套资料。

表 7-1

**收 款 凭 证**

借方科目_____　　　　　　_____年___月___日　　　　　　收字第___号

| 摘 要 | 贷 方 科 目 | | 金 额 | | | | | | | | | | 账页 |
|---|---|---|---|---|---|---|---|---|---|---|---|---|---|
| | 一级科目 | 明细科目 | 千 | 百 | 十 | 万 | 千 | 百 | 十 | 元 | 角 | 分 | |
| | | | | | | | | | | | | | |
| | | | | | | | | | | | | | |
| | | | | | | | | | | | | | |
| | | | | | | | | | | | | | |
| | | | | | | | | | | | | | |
| | | | | | | | | | | | | | |
| | | | | | | | | | | | | | |
| 合 计 | | | | | | | | | | | | | |

会计主管：　　　记账：　　　出纳：　　　审核：　　　制单：


表 7-2

**付 款 凭 证**

贷方科目_____　　　　　　_____年___月___日　　　　　　付字第___号

| 摘 要 | 借 方 科 目 | | 金 额 | | | | | | | | | | 账页 |
|---|---|---|---|---|---|---|---|---|---|---|---|---|---|
| | 一级科目 | 明细科目 | 千 | 百 | 十 | 万 | 千 | 百 | 十 | 元 | 角 | 分 | |
| | | | | | | | | | | | | | |
| | | | | | | | | | | | | | |
| | | | | | | | | | | | | | |
| | | | | | | | | | | | | | |
| | | | | | | | | | | | | | |
| | | | | | | | | | | | | | |
| | | | | | | | | | | | | | |
| 合 计 | | | | | | | | | | | | | |

会计主管：　　　记账：　　　出纳：　　　审核：　　　制单：

表 7-3

## 转 账 凭 证

年　月　日　　　　　　　　　　　转字第　　号

| 摘　　要 | 会 计 科 目 | 记 账 | 借方金额 | 贷方金额 | |
|---|---|---|---|---|---|
|  |  |  |  |  | 附 |
|  |  |  |  |  | 件 |
|  |  |  |  |  |  |
|  |  |  |  |  |  |
|  |  |  |  |  | 张 |
|  |  |  |  |  |  |
| 合　　　　计 |  |  |  |  |

会计主管：　　　　　记账：　　　　　审核：　　　　　制单：

表 7-4

## 汇总收款凭证

收汇字　　号

借方科目：　　　　　　年　月　日至　日　　　收款凭证自第　　号至　　号

| 贷 方 科 目 | 金　　　　额 | 总 账 页 次 |
|---|---|---|
|  |  |  |
|  |  |  |
|  |  |  |
|  |  |  |
|  |  |  |
|  |  |  |
|  |  |  |

会计主管：　　　　　记账：　　　　　复核：　　　　　制单：

表 7-5

## 汇总付款凭证

付汇字　　号

贷方科目：　　　　　　　　　年　月　日至　日　　　付款凭证自第　号至　号

| 借　方　科　目 | 金　　额 | 总　账　页　次 |
|---|---|---|
|  |  |  |
|  |  |  |
|  |  |  |
|  |  |  |
|  |  |  |
|  |  |  |

会计主管：　　　　　记账：　　　　　复核：　　　　　制单：


表 7-6

## 汇总转账凭证

转汇字　　号

贷方科目：　　　　　　　　　年　月　日至　日　　　转账凭证自第　号至　号

| 会计科目 | 借方金额 | 贷方金额 | 总账页次 |
|---|---|---|---|
|  |  |  |  |
|  |  |  |  |
|  |  |  |  |
|  |  |  |  |
|  |  |  |  |
|  |  |  |  |

会计主管：　　　　　记账：　　　　　复核：　　　　　制单：

# 第八章 会计账簿

## 习题

### 一、单项选择题

1. ( )是会计核算的中心环节。
   A. 填制和审核会计凭证 B. 进行成本核算
   C. 设置和登记账簿 D. 编制财务会计报告
2. 将账簿划分为序时账簿、分类账簿和备查账簿的依据是( )。
   A. 账簿的用途 B. 账页的格式
   C. 账簿的外形特征 D. 账簿的性质
3. 下列账簿中,必须逐日逐笔登记的是( )。
   A. 库存现金总账 B. 银行存款日记账
   C. 原材料明细账 D. 应付票据登记簿
4. 登记会计账簿的凭据是( )。
   A. 经济业务 B. 会计凭证
   C. 会计分录 D. 会计科目
5. 在登记账簿过程中,每一账页的最后一行及下一页第一行都要办理转页手续,是为了( )。
   A. 便于查账 B. 防止遗漏
   C. 防止隔页 D. 保持记录的连续性
6. 总分类账一般采用的账页格式为( )。
   A. 两栏式 B. 三栏式
   C. 多栏式 D. 数量金额式
7. 记账之后发现记账凭证中将20 000元误写为2 000元,会计科目名称及应记方向无误,应采用的错账更正方法是( )。
   A. 划线更正法 B. 红字更正法
   C. 补充登记法 D. 红字冲销法
8. 在启用之前就已将账页装订在一起并对账页进行了连续编号的账簿称为( )。
   A. 订本账 B. 活页账
   C. 卡片账 D. 明细分类账
9. 下列账簿中,一般采用活页账形式的是( )。
   A. 日记账 B. 总分类账

C. 明细分类账 D. 备查账

10. 下列对账工作中,属于账实核对的是( )。
   A. 银行日记账与银行对账单进行核对
   B. 总分类账与所属明细账核对
   C. 会计部门财产物资明细账与财产物资保管部门有关明细账核对
   D. 总分类账与日记账核对

11. 从银行提取现金,登记现金日记账的依据是( )。
   A. 库存现金收款凭证 B. 银行存款收款凭证
   C. 库存现金付款凭证 D. 银行存款付款凭证

12. "管理费用"明细账应采用( )。
   A. 三栏式 B. 多栏式
   C. 数量金额式 D. 卡片式

13. 总分类账和特种日记账的外形特征一般为( )。
   A. 活页式 B. 卡片式
   C. 订本式 D. 任意外形

14. 根据记账凭证登账,误将200元记为2 000元应采用( )进行更正。
   A. 红字更正法 B. 划线更正法
   C. 补充登记法 D. 平行登记法

15. 在账簿的两个基本栏目借方和贷方按需要分设若干专栏的账簿称为( )。
   A. 三栏式账簿 B. 多栏式账簿
   C. 数量金额式账簿 D. 两栏式账簿

二、多项选择题

1. 下列账簿中,一般采用多栏式的有( )。
   A. 收入明细账 B. 债权明细账
   C. 费用明细账 D. 债务明细账

2. 必须采用订本式账簿的有( )。
   A. 总分类账 B. 明细分类账
   C. 现金日记账 D. 银行存款日记账

3. 下列情况中,可以用红色黑水记账的有( )。
   A. 在不设借贷等栏的多栏式账页中,登记减少数
   B. 按照红字冲账的记账凭证,冲销错误记录
   C. 在三栏式账户的余额栏前,如未印明余额方向的,在余额栏内登记负数余额
   D. 根据国家统一的会计制度的规定可以用红字登记的其他会计记录

4. 下列说法中,正确的有( )。
   A. 短期借款明细账应采用三栏式账页格式
   B. 应收账款明细账应采用订本式账簿
   C. 多栏式明细账一般适用于成本费用、收入类明细账
   D. 对账的内容包括账证核对、账账核对、账实核对

5. 下列不符合登记账簿要求的有(　　)。
   A. 为防止篡改,文字书写要占满格
   B. 数字书写一般要占格距1/2
   C. 将登记中不慎出现的空页撕毁
   D. 根据红字冲账的记账凭证,用红字冲销错误记录
6. 下列可以作为登记明细账依据的有(　　)。
   A. 记账凭证　　　　　　　　　B. 原始凭证
   C. 汇总原始凭证　　　　　　　D. 汇总记账凭证
7. 错账更正的方法一般有(　　)。
   A. 平行登记法　　　　　　　　B. 划线更正法
   C. 补充登记法　　　　　　　　D. 红字更正法

### 三、判断题

1. 使用订本账时,要为每一账户预留若干空白账页。　　　　　　　　　(　　)
2. 除结账和更正错账外,一律不得用红色黑水登记账簿。　　　　　　　(　　)
3. 对需要按月进行月结的账簿,结账时,应在"本月合计"字样下面通栏画单红线,而不是画双红线。　　　　　　　　　　　　　　　　　　　　　　　　　　　(　　)
4. 登记账簿要用蓝黑墨水或碳素墨水书写,不得使用铅笔书写,但可使用钢笔或圆珠笔书写。　　　　　　　　　　　　　　　　　　　　　　　　　　　(　　)
5. 备查账簿不必每年更换新账,可以连续使用。　　　　　　　　　　　(　　)
6. 总分类账一般采用订本账;明细分类账一般采用活页账。　　　　　　(　　)
7. 由于记账凭证错误而造成的账簿记录错误,应采用划线更正法进行更正。(　　)
8. 红字更正法适用于记账凭证所记会计科目错误,或者会计科目无误而所记金额大于应记金额,从而引起的记账错误。　　　　　　　　　　　　　　　　　(　　)
9. 所有账簿,每年必须更换新账。　　　　　　　　　　　　　　　　　(　　)
10. 补充登记法一般适用于记账凭证所记会计科目无误,只是所记金额大于应记金额,从而引起的记账错误。　　　　　　　　　　　　　　　　　　　　(　　)

### 四、简答题

1. 简述会计账簿的分类。
2. 简述可以用红色墨水记账的情况。
3. 简述账实核对的基本内容。

### 五、计算题

东大公司会计人员在结账前进行对账时,查出以下错账:
1. 用银行存款支付行政管理部门固定资产维修费用6 000元,编制的会计分录为:

   借:制造费用　　　　　　　　　　　　　　　　　　　　6 000
   　　贷:银行存款　　　　　　　　　　　　　　　　　　　　　6 000

2. 销售商品一批,增值税专用发票上注明售价1 000 000元,增值税额170 000元。款项已收到并存入银行。编制的会计分录为:

借：银行存款　　　　　　　　　　　　　　　　　　　117 000
　　　　贷：主营业务收入　　　　　　　　　　　　　　　　100 000
　　　　　　应交税费——应交增值税（销项税额）　　　　　 17 000

3. 计提车间生产用固定资产折旧 65 000 元，编制的会计分录为：

　　借：制造费用　　　　　　　　　　　　　　　　　　　  6 500
　　　　贷：累计折旧　　　　　　　　　　　　　　　　　　  6 500

4. 用现金支付工人工资 8 500 元，编制的会计分录为：

　　借：应付职工薪酬——工资　　　　　　　　　　　　　 85 000
　　　　贷：库存现金　　　　　　　　　　　　　　　　　　 85 000

要求：

1. 指出对上述错账应采用何种更正方法。
2. 编制错账更正的会计分录。

# 单项实训

## 实训一　登记日记账

【实训目标】

本实训使学生掌握日记账的登记方法和技能。要求做到：

1. 掌握日记账按经济业务发生的时间先后顺序逐日逐笔登记和日清月结的特点。
2. 掌握登记三栏式现金日记账和银行存款日记账的方法和技能。基本上能达到日期清楚，摘要简洁明确，文字和数字书写正确、工整、美观的要求。
3. 掌握"账簿启用登记表"的填写方法。

【实训步骤】

1. 根据实训资料，开设"现金日记账"和"银行存款日账"，登记期初余额，并填写账簿启用登记表。
2. 根据实训资料中的原始凭证填制记账凭证。
3. 根据填制的记账凭证中有关现金、银行存款收付业务的凭证和原始凭证登记现金日记账和银行存款日记账，并做到日清月结。

【实训用具】

1. 账簿启用登记表 1 张（见表 8-1）。
2. 现金日记账、银行存款日记账账页各 1 张（自备）。
3. 通用记账凭证 70 张，或收款凭证 14 张，付款凭证 28 张，转账凭证 20 张。

表 8-1

**账簿启用登记表**

| 单位名称 | | | | | 粘贴印花 |
|---|---|---|---|---|---|
| 账簿名称 | | | | | |
| 册次及起讫页数 | 自　　页起至　　页止共　　页 | | | | |
| 启用日期 | | | | | |
| 停用日期 | | | | | |
| 经管人姓名 | 接管日期 | | 交出日期 | 经管人盖章 | 会计主管盖章 |
| | 年　月　日 | | 年　月　日 | | |
| | 年　月　日 | | 年　月　日 | | |
| | 年　月　日 | | 年　月　日 | | |
| 备注 | | | | 单位公章 | |

## 【实训资料】

八桂被服厂××××年12月1日现金日记账的期初余额为615.56元,银行存款日记账的期初余额为68 731.46元。以上两种账簿均使用订本式账簿,每本为200页,账簿启用和经管人接管日期为当年1月1日,出纳员为金明。该厂当年12月份发生的经济业务及其取得或填制的原始凭证如下:

(1) 提取现金(见原始凭证1)。

(2) 购入材料,转账付款$\left(\text{见原始凭证}2\frac{1}{2}、2\frac{2}{2}\right)$。

(3) 支付购入材料的运费$\left(\text{见原始凭证}3\frac{1}{2}、3\frac{2}{2}\right)$。

(4) 材料验收入库,结转采购成本$\left(\text{见原始凭证}4\frac{1}{2}、4\frac{2}{2}\right)$。

(5) 购买办公用品交付厂部办公室使用$\left(\text{见原始凭证}5\frac{1}{2}、5\frac{2}{2}\right)$。

(6) 生产领用材料$\left(\text{见原始凭证}6\frac{1}{2}、6\frac{2}{2}\right)$。

(7) 收到上月销货款存入银行(见原始凭证7)。

(8) 销售产品,货款存入银行$\left(\text{见原始凭证}8\frac{1}{2}、8\frac{2}{2}\right)$。

(9) 支付上月材料款$\left(\text{见原始凭证}9\frac{1}{2}、9\frac{2}{2}\right)$。

(10) 支付报社广告费$\left(\text{见原始凭证}10\frac{1}{2}、10\frac{2}{2}\right)$。

(11) 支付电视广告费(见原始凭证 11 $\frac{1}{2}$、11 $\frac{2}{2}$)。

(12) 支付基本生产车间机床修理费(见原始凭证 12 $\frac{1}{2}$、12 $\frac{2}{2}$)。

(13) 购买办公用品交付厂部办公室使用(见原始凭证 13 $\frac{1}{2}$、13 $\frac{2}{2}$)。

(14) 报销餐费(见原始凭证 14)。

(15) 提取现金(见原始凭证 15)。

(16) 购买办公用品交付基本生产车间使用(见原始凭证 16 $\frac{1}{2}$、16 $\frac{2}{2}$)。

(17) 支付出差预借差旅费(见原始凭证 17)。

(18) 支付刻业务专用章款(见原始凭证 18)。

(19) 收到上月销货款存入银行(见原始凭证 19)。

(20) 销售产品货款尚未收到(见原始凭证 20)。

(21) 采购材料一批,货款未付(见原始凭证 21)。

(22) 支付材料运费(见原始凭证 22 $\frac{1}{2}$、22 $\frac{2}{2}$)。

(23) 材料验收入库,结转材料采购成本(见原始凭证 23 $\frac{1}{2}$、23 $\frac{2}{2}$)。

(24) 提取现金(见原始凭证 24)。

(25) 支付电费(见原始凭证 25 $\frac{1}{3}$、25 $\frac{2}{3}$、25 $\frac{3}{3}$)。

(26) 支付出差预借差旅费(见原始凭证 26)。

(27) 报销差旅费(见原始凭证 27 $\frac{1}{2}$、27 $\frac{2}{2}$)。

(28) 提取现金(见原始凭证 28)。

(29) 支付下年度的报刊费(见原始凭证 29 $\frac{1}{2}$、29 $\frac{2}{2}$)。

(30) 报销餐费(见原始凭证 30)。

(31) 收到违约金,计入营业外收入(见原始凭证 31 $\frac{1}{2}$、31 $\frac{2}{2}$)。

(32) 向灾区捐款,计入营业外支出(见原始凭证 32)。

(33) 报销差旅费(见原始凭证 33 $\frac{1}{2}$、33 $\frac{2}{2}$)。

(34) 生产产品领料(见原始凭证 34 $\frac{1}{2}$、34 $\frac{2}{2}$)。

(35) 收到应收销货款存入银行(见原始凭证 35)。

(36) 提取现金备发工资(见原始凭证 36)。

(37) 以现金支付工资(见原始凭证 37)。

(38) 销售产品,货款未收到(见原始凭证 38)。

(39) 采购材料,货款未支付(见原始凭证 39)。

(40) 支付采购材料运费(见原始凭证 $40\frac{1}{3}$、$40\frac{2}{3}$、$40\frac{3}{3}$)。

(41) 支付前欠材料款(见原始凭证 41)。

(42) 材料验收入库,结转材料采购成本(见原始凭证 $42\frac{1}{2}$、$42\frac{2}{2}$)。

(43) 计提短期借款利息(见原始凭证 43)。

(44) 支付本月的房租(见原始凭证 $44\frac{1}{3}$、$44\frac{2}{3}$、$44\frac{3}{3}$)。

(45) 计提本月份固定资产折旧(见原始凭证 45)。

(46) 分配本月职工工资(见原始凭证 46)。

(47) 计提本月份职工福利费(见原始凭证 47)。

(48) 分配结转本月份制造费用(见原始凭证 48)。

(49) 结转本月份完工入库产成品的生产成本(见原始凭证 $49\frac{1}{2}$、$49\frac{2}{2}$)。

(50) 结转本月份已销产品的生产成本(见原始凭证 50)。

(51) 将各损益类账户的余额转入本年利润账户(见原始凭证 51)。

(52) 计提本月应交所得税并转入本年利润账户(假设按月预提)(见原始凭证 52)。

(53) 分配利润(假设预分配利润)(见原始凭证 53)。

**原始凭证 1**

中国工商银行
**现金支票存根**
湘 ZI　008001

附加信息

出票日期 ××××年 12 月 1 日

| 收款人： | 金　明 |
| --- | --- |
| 金　额： | ￥600.00 |
| 用　途： | 备用 |

单位主管 王　新　　会计 李　月

**原始凭证 2 $\frac{1}{2}$**

中国工商银行
**转账支票存根**
湘 ZI　009001

附加信息

出票日期 ××××年 12 月 2 日

| 收款人： | 辽阳纺织厂 |
| --- | --- |
| 金　额： | ￥43 740.00 |
| 用　途： | 购货款 |

单位主管 王　新　　会计 李　月

原始凭证2 2/2

## 工商企业统一发票

发票代码：××××××××××
发票号码：××××××××

购货单位：八桂被服厂　　　　　　　　　　××××年12月2日

| 品　名 | 规　格 | 单　位 | 数　量 | 单　价 | 金　额 |||||||||
|---|---|---|---|---|---|---|---|---|---|---|---|---|
| | | | | | 十 | 万 | 千 | 百 | 十 | 元 | 角 | 分 |
| 花布 | 宽1.2 | 米 | 5 000 | 6.14 | | 3 | 0 | 7 | 0 | 0 | 0 | 0 |
| 白布 | 宽1.3 | 米 | 4 000 | 3.26 | | 1 | 3 | 0 | 4 | 0 | 0 | 0 |
| 人民币合计（大写）肆万叁仟柒佰肆拾元整 | | | | ¥ | | 4 | 3 | 7 | 4 | 0 | 0 | 0 |

销货单位：辽阳纺织厂　　　收款：贺 珊　　　制单：杨 斌　　　提货人：

第二联：发票

---

原始凭证3 1/2

## ××市公路货运收费发票

发票代码：××××××××××
发票号码：××××××××

××××年12月2日　　　　　　　　　　　　　№ 00004766

| 托运单位 | 辽阳纺织厂 | 起站 | D市 | 讫站 | 八桂被服厂 |
|---|---|---|---|---|---|
| 受理单位 | D市运输公司 | 运输合同 | 3842号 | | |
| 货物名称 | 件数 | 计费量 | 吨公里 | 运费金额 | 车号 |
| 布 | | 9 000米 | | 360 | |
| 金额：叁佰陆拾元整 | | | | 备注 | D市运输公司财务专用章 |

制单：陈 菲　　　复核：钟 卫　　　收款：戴 立

原始凭证 3 2/2

## 运 费 分 配 表

××××年12月2日　　　　　　　　　　　　　　金额单位：元

| 材料名称 | 分配标准（米） | 分 配 率 | 金　　额 |
|---|---|---|---|
| 花　布 | 5 000 |  | 200.00 |
| 白　布 | 4 000 |  | 160.00 |
| 合　计 | 9 000 | 0.04 | 360.00 |

制表：刘　平

---

原始凭证 4 1/2

## 材料采购成本计算单

××××年12月2日　　　　　　　　　　　　　　金额单位：元

| 材料名称 | 单位 | 数量 | 单价 | 买价 | 运杂费 | 采购总成本 | 单位成本 |
|---|---|---|---|---|---|---|---|
| 花布 | 米 | 5 000 | 6.14 | 30 700 | 200 | 30 900 | 6.18 |
| 白布 | 米 | 4 000 | 3.26 | 13 040 | 160 | 13 200 | 3.30 |
| 合计 |  | 9 000 |  | 43 740 | 360 | 44 100 |  |

制表：李　月

---

原始凭证 4 2/2

## 材 料 入 库 单

编号：1014

供货单位：辽阳纺织厂　　　　　　　　　　　　　　　　　　仓库：本厂
发票号码：　　　　　　××××年12月2日　　　　　金额单位：元

| 材料编号 | 材料名称 | 规格 | 计量单位 | 数量 | | 实际价格 | | | 备注 |
|---|---|---|---|---|---|---|---|---|---|
| | | | | 应收 | 实收 | 单价 | 发票金额 | 运杂费用 | 合计 | |
| | 花布 | 宽1.2 | 米 | 5 000 | 5 000 | 6.14 | 30 700 | 200 | 30 900 | |
| | 白布 | 宽1.3 | 米 | 4 000 | 4 000 | 3.26 | 13 040 | 160 | 13 200 | |
| | 合计 | | | | | | 43 740 | 360 | 44 100 | |
| 质量检验记录 | 制造日期 ××××年3月 | 合格证号 甲015 | 技术条件 | 质量状况 优 | 检查结论 同意入库 | | | | |

采购人：　　　　　检验员：　　　　　记账员：　　　　　保管员：王　平

原始凭证 5 1/2

## 商业零售统一发票

发票代码：×××××××××××
发票号码：××××××××
××××年12月5日

客户：八桂被服厂

| 品名 | 规格 | 单位 | 数量 | 单价 | 金额 十万千百十元角分 |
|---|---|---|---|---|---|
| 稿纸 |  | 本 | 100 | 3.00 | 　　　3 0 0 0 0 |
| 墨水 |  | 瓶 | 40 | 2.00 | 　　　　 8 0 0 0 |
| 速印机 |  | 台 | 1 | 1 500.00 | 　　1 5 0 0 0 0 |
| 人民币合计（大写）壹仟捌佰捌拾元整 |  |  |  |  | ¥ 　1 8 8 0 0 0 |

第二联：发票

销货单位：第一百货商店财务专用章　　收款：贺 珍　　制单：杨 朦　　提货人：

---

原始凭证 5 2/2

## 中国工商银行
## 转账支票存根

湘 ZI　009002

附加信息
_____
_____
_____

出票日期 ××××年12月5日

收款人：第一百货商店
金　额：¥1880.00
用　途：购办公用品

单位主管 王 新　 会计 李 月

原始凭证 6 $\frac{1}{2}$

## 领 料 单

审批意见：同意

请领部门：一车间　　　××××年12月6日　　　金额单位：元

| 编号 | 名称 | 规格 | 单位 | 数量 | 单价 | 金额 | 用途 |
|---|---|---|---|---|---|---|---|
|  | 花布 | 宽1.2 | 米 | 4 000 | 6.18 | 24 720 | 生产双人床单 |
|  | 白布 | 宽1.3 | 米 | 4 000 | 3.30 | 13 200 | 生产双人床单 |
| 财会部门 |  | 供应部门 |  |  | 耗料部门 |  |  |
| 主管 |  | 发料人 | 孙青 | 主管 |  | 领料 | 高国 |

原始凭证 6 $\frac{2}{2}$

## 领 料 单

审批意见：同意

请领部门：二车间　　　××××年12月6日　　　金额单位：元

| 编号 | 名称 | 规格 | 单位 | 数量 | 单价 | 金额 | 用途 |
|---|---|---|---|---|---|---|---|
|  | 花布 | 宽1.2 | 米 | 2 000 | 6.18 | 12 360 | 生产单人床单 |
|  | 白布 | 宽1.3 | 米 | 4 000 | 3.30 | 13 200 | 生产单人床单 |
| 财会部门 |  | 供应部门 |  |  | 耗料部门 |  |  |
| 主管 |  | 发料人 | 孙青 | 主管 |  | 领料 | 王南 |

原始凭证 7

## 中国工商银行进账单（回单或收账通知）

××××年12月7日　　　第　号

| 收款人 | 全称 | 八桂被服厂 | 付款人 | 全称 | 西关百货商店 |
|---|---|---|---|---|---|
|  | 账号 | 560718 |  | 账号 | 6002003568 |
|  | 开户银行 | B市支行 |  | 开户银行 | B市支行 |

| 人民币（大写） | 贰万捌仟捌佰零拾零元零角零分 | 千 百 十 万 千 百 十 元 角 分 |
|---|---|---|
|  |  | ￥ 2 8 8 0 0 0 0 |

| 票据种类 |  |
|---|---|
| 票据张数 | 1 |

中国工商银行
B市支行业务专用章

收款人开户行盖章

| 单位主管 | 会计 | 复核 | 记账 |
|---|---|---|---|

交此收联是收款人收账通知开户银行

原始凭证 8 $\frac{1}{2}$

## 工商企业产品销售发票

发票代码：××××××××××
发票号码：××××××××

购货单位：西关百货商店　　　　　　　　　××××年 12 月 8 日

| 品 名 | 规 格 | 单 位 | 数 量 | 单 价 | 金 额 十万千百十元角分 |
|---|---|---|---|---|---|
| 双人床单 |  | 条 | 200 | 288 | 5 7 6 0 0 0 0 |
| 单人床单 |  | 条 | 200 | 108 | 2 1 6 0 0 0 0 |
|  |  |  |  |  |  |
| 合计(大写) 柒万玖仟贰佰元整 |  | 八桂被服厂 转账收讫 |  |  | ¥ 7 9 2 0 0 0 0 |

销货单位：　　　　　　　　收款：王珊　制单：李斌　提货人：

第二联：发票

---

原始凭证 8 $\frac{2}{2}$

## 中国工商银行进账单（回单或收账通知）

××××年 12 月 8 日　　　　　　　第　号

| 出票人 | 全　称 | 西关百货商店 | 收款人 | 全　称 | 八桂被服厂 |
|---|---|---|---|---|---|
|  | 账　号 | 6002003568 |  | 账　号 | 560718 |
|  | 开户银行 | B 市支行 |  | 开户银行 | B 市支行 |

| 人民币(大写) 柒万玖仟贰佰零拾零元零角零分 | 千百十万千百十元角分 ¥ 7 9 2 0 0 0 0 |
|---|---|
| 票据种类 | 中国工商银行 B 市支行业务专用章 |
| 票据张数　1 | |
| 单位主管　会计　复核　记账 | 收款人开户行盖章 |

此联是收款人的收账通知交收款人开户银行

原始凭证 9 $\frac{1}{2}$

**中国工商银行**
**转账支票存根**
湘ZI 009003

附加信息

出票日期 ××××年 12月8日

| 收款人：辽阳纺织厂 |
| 金　额：￥37 000.00 |
| 用　途：还上月购料款 |

单位主管 王 新　　会计 李 月

原始凭证 9 $\frac{2}{2}$

**中国工商银行**
**转账支票存根**
湘ZI 009004

附加信息

出票日期 ××××年 12月9日

| 收款人：梁山纺织厂 |
| 金　额：￥21 650.00 |
| 用　途：还上月购料款 |

单位主管 王 新　　会计 李 月

原始凭证 10 $\frac{1}{2}$

## B市广告业专用发票

发票代码：×××××××××××
发票号码：×××××××××

客户：八桂被服厂 ××××年12月10日

| 项 目 | 单位 | 数量 | 单价 | 金 额 |||||||||
|---|---|---|---|---|---|---|---|---|---|---|---|---|
| | | | | 十万 | 万 | 千 | 百 | 十 | 元 | 角 | 分 |
| 报纸广告 | 字 | 400 | 1.20 | | | | 4 | 8 | 0 | 0 | 0 |
| | | | | | | | | | | | |
| 合计（大写）肆佰捌拾元整 | | | | ￥ | | | 4 | 8 | 0 | 0 | 0 |

收款人： 辽阳日报社财务专用章　　开票人：朱 明　　收款人：蔡 忠

② 付款人发票

---

原始凭证 10 $\frac{2}{2}$

### 中国工商银行
### 转账支票存根

湘 ZI　009005

附加信息
_____
_____
_____

出票日期 ××××年 12月10日

收款人：辽阳日报社
金　额：￥480.00
用　途：广告费

单位主管 王 新　　会计 李 月

原始凭证 11 $\frac{1}{2}$

## 中国工商银行
## 转账支票存根

湘ZI　009006

附加信息

出票日期 ××××年 12 月 11 日

| 收款人：辽阳电视台 |
| 金　额：￥1 200.00 |
| 用　途：广告费 |

单位主管　王　新　　会计　李　月

原始凭证 11 $\frac{2}{2}$

## B市广告统一发票

发票代码：××××××××××
发票号码：××××××××

客户：八桂被服厂　　　　　　　　　　　××××年 12 月 11 日

| 项目 | 单位 | 数量 | 单价 | 金额 |||||||||
|---|---|---|---|---|---|---|---|---|---|---|---|---|
| | | | | 十万 | 千 | 百 | 十 | 元 | 角 | 分 |
| 广告 | 次 | 2 | 600 | | | 1 | 2 | 0 | 0 | 0 |
| | | | | | | | | | | |
| 合计（大写）壹仟贰佰元整 | | | | ￥ | | 1 | 2 | 0 | 0 | 0 | 0 |

收款人单位：辽阳电视台财务专用章　　开票人：　　　　收款人：

② 付款人发票

原始凭证12 1/2

## 工业加工修理统一发货票

发票代码：××××××××××
发票号码：××××××××

委托单位：八桂被服厂　　　　　　　××××年12月12日

| 品名 | 规格 | 单位 | 数量 | 单价 | 金额 |||||||| 
|---|---|---|---|---|---|---|---|---|---|---|---|---|
| | | | | | 十万 | 万 | 千 | 百 | 十 | 元 | 角 | 分 |
| 机床修理 | C620 | 台 | 1 | 1000 | | | 1 | 0 | 0 | 0 | 0 | 0 |
| | | | | | | | | | | | | |
| 人民币合计（大写）壹仟元整 | | | | | ¥ | | 1 | 0 | 0 | 0 | 0 | 0 |

第二联：发票

销货单位：　铁东修理厂 转账收讫　　收款：王晴　　制单：杨表　　提货人：

---

原始凭证12 2/2

### 中国工商银行
### 转账支票存根

湘ZI　009007

附加信息
_____
_____
_____

出票日期 ××××年12月12日

收款人：铁东修理厂
金　额：¥1000.00
用　途：支付铁东修理费

单位主管 王新　　会计 李月

原始凭证 13 $\frac{1}{2}$

## 中国工商银行
### 转账支票存根
湘 ZI　009008

附加信息
_____
_____
_____

出票日期 ××××年 12 月 13 日

| 收款人 | 西关百货商店 |
|---|---|
| 金　额 | ￥650.00 |
| 用　途 | 购办公用品 |

单位主管 王 新　会计 李 月

---

原始凭证 13 $\frac{2}{2}$

## 商业零售统一发票
发票代码：××××××××××××
发票号码：××××××××

购货单位：八桂被服厂　　　　　　　××××年 12 月 13 日

| 品 名 | 规 格 | 单 位 | 数 量 | 单 价 | 金 额 十万千百十元角分 |
|---|---|---|---|---|---|
| 打字纸 |  | 盒 | 4 | 25 | 　　　1 0 0 0 0 |
| 复印纸 |  | 盒 | 20 | 20 | 　　　4 0 0 0 0 |
| 新闻纸 |  | 令 | 1 | 150 | 　　　1 5 0 0 0 |
| 人民币合计(大写) 陆佰伍拾元整 |  |  |  |  | ￥ 6 5 0 0 0 |

销货单位：西关百货商店 财务专用章　　收款：梁 珍　制单：张 斌　提货人：

第二联：发票

**原始凭证 14**

## 饮食业统一发货票

发票代码：××××××××××
发票号码：××××××××

客户：八桂被服厂　　　　　　　　　　××××年 12 月 14 日

| 品名 | 规格 | 单位 | 数量 | 单价 | 金额 十万千百十元角分 |
|---|---|---|---|---|---|
| 餐费 | | | | 220.00 | 2 2 0 0 0 |
| | | | | | |
| | | | | | |
| 人民币合计（大写）贰佰贰拾元整 | | | | | ¥ 2 2 0 0 0 |

第二联：发票

销货单位：【建发大酒店 现金收讫】　　收款：李合　　制单：王斌　　提货人：

---

**原始凭证 15**

## 中国工商银行
## 转账支票存根

湘 ZI　008003

附加信息
_____
_____
_____

出票日期 ××××年 12 月 14 日

| 收款人：金 明 |
|---|
| 金　额：¥1 000.00 |
| 用　途：备用 |

单位主管 王新　会计 李月

原始凭证 16 $\frac{1}{2}$

## 中国工商银行
### 转账支票存根
湘ZI 009009

附加信息
_____
_____
_____

出票日期 ××××年 12月 14日

| 收款人： | 第一百货商店 |
| 金　额： | ￥207.00 |
| 用　途： | 车间购办公用品 |

单位主管 王 新　　会计 李 月

---

原始凭证 16 $\frac{2}{2}$

## 商业零售统一发票

发票代码：××××××××××
发票号码：××××××××

客户名称：八桂被服厂　　　　　　　××××年 12月 14日

| 品名 | 规格 | 单位 | 数量 | 单价 | 金额 十万千百十元角分 |
|---|---|---|---|---|---|
| 考勤簿 |  | 本 | 1 | 11.00 | 1 1 0 0 |
| 计算器 |  | 个 | 2 | 98.00 | 1 9 6 0 0 |
|  |  |  |  |  |  |
| 人民币合计（大写）贰佰零柒元整 |  |  |  |  | ￥2 0 7 0 0 |

第二联：发票

销货单位：第一百货商店 财务专用章　　收款：李 一　　制单：总 工　　提货人：

原始凭证 17

## 借 款 单

××××年 12月14日

| 姓 名 | 于志广 | 部门 | 本厂技术科 | 职务 | |
|---|---|---|---|---|---|
| 借款原因 | 参加销货会 | | | | |
| 借支金额 | 人民币大写：壹仟元整 | | | ￥1000.00 | |
| 领导审批 | 同意借支 | 财会意见 | 同 意 | 出纳 | 现金付讫 |

借款人签名：于志广

---

原始凭证 18

## 服务行业统一发货票

发票代码：××××××××××
发票号码：××××××××

客户名称：八桂被服厂 　　　　　××××年 12月14日

| 品 名 | 规 格 | 单 位 | 数 量 | 单 价 | 金 额 ||||||||| |
|---|---|---|---|---|---|---|---|---|---|---|---|---|---|
| | | | | | 十万 | 万 | 千 | 百 | 十 | 元 | 角 | 分 | |
| 业务专用章 | | | 1 | 30 | | | | | 3 | 0 | 0 | 0 | 第二联：发票 |
| 人民币合计(大写) 叁拾元整 | | | | | | | | ￥ | 3 | 0 | 0 | 0 | |

销货单位：工艺公司 财务专用章 　　收款：张全　　制单：

**原始凭证 19**

## 中国工商银行进账单（回单或收账通知）

××××年 12 月 15 日　　　　　第　号

| 出票人 | 全　称 | 京都商场 | 收款人 | 全　称 | 八桂被服厂 |
|---|---|---|---|---|---|
| | 账　号 | 6002003568 | | 账　号 | 560718 |
| | 开户银行 | B市支行 | | 开户银行 | B市支行 |

| 人民币（大写） | 伍万肆仟零佰零拾零元零角零分 | 千百十万千百十元角分 ¥ 5 4 0 0 0 0 0 |
|---|---|---|
| 票据种类 | 转账支票00668 | |
| 票据张数 | 1 | 中国工商银行<br>B市支行业务专用章 |
| 主管　　会计　　复核　　记账 | | 收款人开户行盖章 |

此联是收款人开户银行交收款人的收账通知

---

**原始凭证 20**

## 工商企业产品销售发票

发票代码：××××××××××××
发票号码：××××××××

购货单位：京都商场　　　　　　　××××年 12 月 16 日

| 品　名 | 规　格 | 单　位 | 数　量 | 单　价 | 金　额 十万千百十元角分 |
|---|---|---|---|---|---|
| 双人床单 | | 条 | 150 | 288 | 4 3 2 0 0 0 0 |
| 单人床单 | | 条 | 100 | 108 | 1 0 8 0 0 0 0 |
| | | | | | |
| 人民币合计（大写）伍万肆仟元整 | | 八桂被服厂<br>转账收讫 | | | ¥ 5 4 0 0 0 0 0 |

销货单位：　　　　收款：　　　　制单：李月　　　　提货人：

第二联：发票

**原始凭证 21**

## 工业企业产品销售统一发票
### 发 票 联

发票代码：××××××××××
发票号码：××××××××

购货单位：八桂被服厂　　　　　　　　　　　××××年12月2日

| 品 名 | 规 格 | 单 位 | 数 量 | 单 价 | 金 额 十万千百十元角分 |
|---|---|---|---|---|---|
| 花布 | 宽1.2 | 米 | 4 000 | 6.14 | 2 4 5 6 0 0 0 |
| 白布 | 宽1.3 | 米 | 4 000 | 3.26 | 1 3 0 4 0 0 0 |
|  |  |  |  |  |  |
| 人民币合计（大写）叁万柒仟陆佰元整 |  |  |  |  | ￥ 3 7 6 0 0 0 0 |

第二联：发票

销货单位：梁山纺织厂财务专用章　　收款：　　制单：　　提货人：

---

**原始凭证 22 $\frac{1}{2}$**

## 运杂费结算收据

××××年12月17日　　　　　　　　　№ 0000419

| 托运单位 | 梁山织厂 | 起站 | D市 | 讫站 | 八桂被服厂 |
|---|---|---|---|---|---|
| 受理单位 | D市运输公司 | 运输合同 | 428号 |  |  |
| 货物名称 | 件数 | 计费量 | 吨公里 | 运费金额 | 车号 |
| 布 |  | 8 000米 |  | 320 |  |
|  |  |  |  |  |  |
| 金额：叁佰贰拾元整 |  |  |  | 备注 | D市运输公司财务专用章 |

主管：　　会计：陈 菲　　复核：钟 卫　　开票：戴 立

原始凭证 22 2/2

## 运 费 分 配 表

××××年12月17日  　　　　　　　　　　金额单位：元

| 材料名称 | 分配标准(米) | 分配率 | 金　额 |
| --- | --- | --- | --- |
| 花布 | 4 000 |  | 160.00 |
| 白布 | 4 000 |  | 160.00 |
| 合　计 | 8 000 | 0.04 | 320.00 |

制表：刘　平

原始凭证 23 1/2

## 材料采购成本计算单

××××年12月18日　　　　　　　　　　金额单位：元

| 材料名称 | 单 位 | 数量 | 单价 | 买　价 | 运杂费 | 采购总成本 | 单位成本 |
| --- | --- | --- | --- | --- | --- | --- | --- |
| 花布 | 米 | 4 000 | 6.14 | 24 560 | 160 | 24 720 | 6.18 |
| 白布 | 米 | 4 000 | 3.26 | 13 040 | 160 | 13 200 | 3.30 |
| 合计 |  | 8 000 |  | 37 600 | 320 | 37 920 |  |

制表：李　月

原始凭证 23 2/2

## 材 料 入 库 单

供货单位：梁山纺织厂　　　　　　　　　　　　　　　编号：1014
发票号码：　　　　　××××年12月18日　　　　　仓库：本厂
　　　　　　　　　　　　　　　　　　　　　　　　金额单位：元

| 材料编号 | 材料名称 | 规格 | 计量单位 | 数量 | | 实际价格 | | | 备注 |
| --- | --- | --- | --- | --- | --- | --- | --- | --- | --- |
| | | | | 应收 | 实收 | 单价 | 发票金额 | 运杂费用 | 合计 | |
| | 花布 | 宽1.2 | 米 | 4 000 | 4 000 | 6.14 | 24 560 | 160 | 24 720 | |
| | 白布 | 宽1.3 | 米 | 4 000 | 4 000 | 3.26 | 13 040 | 160 | 13 200 | |
| | 合计 | | | | | | 37 600 | 320 | 37 920 | |

| 质量检验记录 | 制造日期 | 合格证号 | 技术条件 | 质量状况 | 检查结论 |
| --- | --- | --- | --- | --- | --- |
| | ××××年3月 | 甲015 | | 优 | 同意入库 |

采购人：　　　检验员：　　　记账员：　　　保管员：王　平

原始凭证 24

**中国工商银行**
**现金支票存根**
湘 ZI　008004

附加信息

出票日期 ××××年 12月19日

| 收款人：金　明 |
| 金　额：￥1 000.00 |
| 用　途：备用 |

单位主管 王　新　　会计 李　月

原始凭证 25 $\frac{1}{3}$

**中国工商银行**
**转账支票存根**
湘 ZI　009009

附加信息

出票日期 ××××年 12月20日

| 收款人：电业局 |
| 金　额：￥2 400.00 |
| 用　途：支付电费 |

单位主管 王　新　　会计 李　月

原始凭证 25 2/3

## 辽阳市供电公司电费统一发票

发票代码：×××××××××

××××年12月20日　　　发票号码：×××××××

| 用户名称 | 八桂被服厂 | 开户银行 | 市工行 | 账　号 | 560718 |
|---|---|---|---|---|---|
| 收费时间 | ××××年11月20日至××××年12月20日 ||||||
| 电费项目 | 动力电(度) | 3 000 | 计费单价 | 0.8 | 计费金额 | ￥2 400 |
| 合　　计 | 人民币大写：贰仟肆佰元整 |||||

主管：　　　　　抄表：吴卫　　　制单：赵松

市电业局
财务专用章

二、交付款单位

---

原始凭证 25 3/3

## 外购动力分配表

××××年12月20日　　　　　　　　　金额单位：元

| 项　目 | 用电量(度) | 计费单价 | 金　额 | 备　注 |
|---|---|---|---|---|
| 生产车间 | 2 600 | 0.80 | 2 080 | |
| 厂　部 | 400 | 0.80 | 320 | |
| 合　计 | | | ￥2 400.00 | |

---

原始凭证 26

## 借　款　单

××××年12月20日

| 姓　名 | 张伟 | 部　门 | 本厂技术科 | 职　务 | |
|---|---|---|---|---|---|
| 借款原因 | 参加业务洽谈 |||||
| 借支金额 | 人民币大写：壹仟元整 | | | ￥1 000.00 ||
| 领导审批 | 同意借支 | 财会意见 | 同意 | 出纳 | 现金付讫 |

借款人签名：张伟

原始凭证27 1/2

## 差旅费报销单

部门：技术科　　　填报日期：××××年12月21日　　　第　页　共　页

| 姓名 | 于志广 | | 出差事由 | | 销售供货会 | | 出差日期 | | 自××××年12月14日至××××年12月21日共8天 | | | |
|---|---|---|---|---|---|---|---|---|---|---|---|---|
| 起讫时间及地点 | | | | | 车船费 | | 夜间乘车补贴 | | 出差补贴 | | 住宿费 | 其他 |
| 月 | 日 | 起 | 月 | 日 | 讫 | 类别 | 金额 | 时间 | 标准 | 金额 | 日数 | 标准 | 金额 | 金额 | 摘要 | 金额 |

| 月 | 日 | 起 | 月 | 日 | 讫 | 类别 | 金额 | 时间 | 标准 | 金额 | 日数 | 标准 | 金额 | 金额 | 摘要 | 金额 |
|---|---|---|---|---|---|---|---|---|---|---|---|---|---|---|---|---|
| 12 | 14 | B市 | 12 | 14 | A市 | 火车 | 200 | | | | 8 | 15 | 120 | 360 | | |
| 12 | 21 | A市 | 12 | 21 | B市 | 火车 | 200 | | | | | | | | | |
| | | | | | | | 400 | | | | | | 120 | 360 | | |

总计金额：捌佰捌拾元整　　　预支1000元核销880元退120元

主管：　　　审核：　　　填报人：于志广

---

原始凭证27 2/2

## 收款收据

××××年12月21日　　　编号：002456

| 交款单位(或个人)：于志广 | |
|---|---|
| 摘要：退回多余差旅费 | |
| 人民币：壹佰贰拾元整 | ￥120.00 |
| 收款单位（盖章）| 八桂被服厂财务专用章 | 备注 | 现金收讫 |

收款：

原始凭证 28

**中国工商银行**
**现金支票存根**
湘 ZI　008005

附加信息
_____
_____
_____

出票日期 ××××年 12 月 22 日

| 收款人： | 金　明 |
| 金　额： | ￥1 500.00 |
| 用　途： | 备用 |

单位主管 王　新　　会计 李　月

原始凭证 29 $\frac{1}{2}$

**中国工商银行**
**转账支票存根**
湘 ZI　009010

附加信息
_____
_____
_____

出票日期 ××××年 12 月 23 日

| 收款人： | 邮局 |
| 金　额： | ￥2 800.00 |
| 用　途： | 订阅明年报刊费 |

单位主管 王　新　　会计 李　月

原始凭证 29 2/2

## 报刊发行专用发票

发 票 联　　发票代码：××××××××××

订购单位：八桂被服厂　　××××年12月23日　　发票号码：×××××××

| 报纸代号 | 报刊名称 | 订阅份数 | 起止订期 | 单价 | 金额 十万千百十元角分 |
|---|---|---|---|---|---|
|  | 报纸 | 20 | ××××年1～12月 | 100 | 2 0 0 0 0 0 |
|  | 杂志 | 10 | ××××年1～12月 | 80 | 8 0 0 0 0 |
|  |  |  |  |  |  |
| 人民币合计（大写）贰仟捌佰元整 |  |  |  |  | ¥ 2 8 0 0 0 0 |

销货单位： 辽阳邮电局财务专用章　　收款：陈列　　制单：杨三　　提货人：

第二联：发票

---

原始凭证 30

## 饮食业统一发货票

　　　　　　　　　　　　　　发票代码：××××××××××

客户：八桂被服厂　　××××年12月24日　　发票号码：×××××××

| 品　名 | 规　格 | 单　位 | 数　量 | 单　价 | 金额 十万千百十元角分 |
|---|---|---|---|---|---|
| 餐费 |  |  |  | 260.00 | 2 6 0 0 0 |
|  |  |  |  |  |  |
|  |  |  |  |  |  |
| 人民币合计（大写）贰佰陆拾元整 |  |  | 建发大酒店 现金收讫 |  | ¥ 2 6 0 0 0 |

销货单位：　　　　　　　收款：贺子　　制单：杨四　　提货人：

第二联：发票

原始凭证 31 $\frac{1}{2}$

## 专用收款收据

收款日期 ××××年 12月 25日

| 付款单位(交款人) | 辽阳纺织厂 | 收款单位 | 八桂被服厂 | 支付方式 | 转账 |
|---|---|---|---|---|---|
| 人民币大写 | 壹仟贰佰元整 | | ￥1 200.00 | | |
| 收款事由 | 撤销103号合同违约金 | | | 经办人 | |
| 上记款项照数收讫无误 收款单位财务专用章 | 八桂被服厂(章) 转账收讫 | | 主管 | 出纳 | 交款人 |

原始凭证 31 $\frac{2}{2}$

## 中国工商银行进账单(收账通知)

××××年 12月 25日　　　　　第　号

| 收款人 | 全称 | 八桂被服厂 | 付款人 | 全称 | 辽阳纺织厂 |
|---|---|---|---|---|---|
| | 账号 | 560718 | | 账号 | 6002003568 |
| | 开户银行 | B市支行 | | 开户银行 | B市支行 |

| 人民币(大写) | 壹仟贰佰零拾零元零角零分 | 千 百 十 万 千 百 十 元 角 分 ￥　　　　1 2 0 0 0 0 |
|---|---|---|
| 票据种类 | 转账支票00668 | 中国工商银行 B市支行业务专用章 |
| 票据张数 | 1 | |
| 主管　　会计　　复核　　记账 | | 收款人开户行盖章 |

交此收联款是人收的款收人账开通户知银行

原始凭证 32

## 专用收款收据

收款日期 ××××年 12月 26日

| 付款单位(交款人) | 八桂被服厂 | 收款单位 | 南东乡政府 | 支付方式 | 现金 |
|---|---|---|---|---|---|
| 人民币大写 | 壹仟元整 | | ￥1 000.00 | | |
| 收款事由 | 受灾接受捐款 | | | 经办人 | |
| 上记款项照数收讫无误 收款单位财务专用章 | 南东乡政府(章) 财会现金收讫 | | 主管 | 出纳 | 交款人 |

原始凭证 33 1/2

## 差旅费报销单

部门：厂办　　　填报日期：××××年12月26日　　　第　页　共　页

| 姓名 | 张伟 | 出差事由 | 销售供货会 | | 出差日期 | 自××××年12月20日至××××年12月25日共6天 | | | | | | |
|---|---|---|---|---|---|---|---|---|---|---|---|---|
| 起讫时间及地点 | | | | 车船费 | | 夜间乘车补贴 | | 出差补贴 | | | 住宿费 | 其他 |
| 月 | 日 | 起 | 月 | 日 | 讫 | 类别 | 金额 | 时间 | 标准 | 金额 | 日数 | 标准 | 金额 | 金额 | 摘要 | 金额 |
| 12 | 20 | B市 | 12 | 20 | A市 | 火车 | 200 | | | | 6 | 15 | 90 | 360 | | |
| 12 | 25 | A市 | 12 | 25 | B市 | 火车 | 200 | | | | | | | | | |
| | | | | | | | 400 | | | | | | 90 | 360 | | |

总计金额：捌佰伍拾元整　　　　　　　　　　预支1 000元核销850元退150元

主管：　　　　　审核：　　　　　　填报人：李军

---

原始凭证 33 2/2

## 收款收据

××××年12月26日　　　　　　　　　　　　　编号：002458

| 交款单位（或个人）：张伟 | | |
|---|---|---|
| 摘要：退回多余差旅费 | | |
| 人民币：壹佰伍拾元整 | | ￥150.00 |
| 收款单位（盖章） | 八桂被服厂财务专用章 | 备注　现金收讫 |

收款：金明

---

原始凭证 34 1/2

## 领料单

请领部门：一车间　　　××××年12月26日　　　审批意见：同意

| 编号 | 名称 | 规格 | 单位 | 数量 | 单价 | 金额 | 用途 |
|---|---|---|---|---|---|---|---|
| | 花布 | 宽1.2 | 米 | 2 000 | 6.18 | 12 360 | 生产双人床单 |
| | 白布 | 宽1.3 | 米 | 2 000 | 3.30 | 6 600 | 生产双人床单 |
| 财会部门 | | 供应部门 | | 耗料部门 | | | |
| 主管 | | 发料人 | 孙青 | 主管 | | 领料 | 高固 |

原始凭证34 2/2

## 领 料 单

请领部门：二车间　　　××××年12月26日　　　审批意见：同意

| 编 号 | 名 称 | 规 格 | 单 位 | 数 量 | 单 价 | 金 额 | 用 途 |
|---|---|---|---|---|---|---|---|
|  | 花布 | 宽1.2 | 米 | 1 000 | 6.18 | 6 180 | 生产单人床单 |
|  | 白布 | 宽1.3 | 米 | 1 000 | 3.30 | 3 300 | 生产单人床单 |
| 财会部门 |  | 供应部门 |  | 耗料部门 |  |  |  |
| 主管 |  | 发料人 | 孙青 | 主管 |  | 领料 | 王南 |

原始凭证35

## 中国工商银行进账单（回单或收账通知）

××××年12月26日　　　第　号

| 出票人 | 全 称 | 京都商场 | 收款人 | 全 称 | 八桂被服厂 |
|---|---|---|---|---|---|
|  | 账 号 | 4002003568 |  | 账 号 | 560718 |
|  | 开户银行 | B市支行 |  | 开户银行 | B市支行 |

| 人民币(大写) | 伍万肆仟元零角零分 | 千 | 百 | 十万 | 千 | 百 | 十元 | 角 | 分 |
|---|---|---|---|---|---|---|---|---|---|
|  |  |  | ¥ | 5 | 4 | 0 | 0 | 0 | 0 |

| 票据种类 | 转账支票006618 |
|---|---|
| 票据张数 | 1 |

中国工商银行
B市支行业务专用章
收款人开户行盖章

主管　　会计　　复核　　记账

此联是收款人开户银行交收款人的收账通知

原始凭证 36

**中国工商银行**
**现金支票存根**

湘 ZI 008006

附加信息
_____
_____
_____

出票日期 ××××年 12 月 27 日

| 收款人： | 金 明 |
| 金 额： | ￥29 654.00 |
| 用 途： | 备发工资 |

单位主管 王 新　　会计 李 月

原始凭证 37

## 12月份工资发放表

××××年 12 月 27 日　　　　　　　　　　单位：元

| 编号 | 月份 | 姓名 | 岗位工资 | 津贴 | 加班 | 奖金 | 其他 | 应发工资 | 代扣款项 | 实发工资 | 签字 |
|---|---|---|---|---|---|---|---|---|---|---|---|
| 1 | 12 | 王吕 | 620 | 180 | 100 | 80 | | 980 | 50 | 930 | 王吕 |
| ～ | ～ | ～ | ～ | ～ | ～ | ～ | ～ | ～ | ～ | ～ | ～ |
| 合计 | | | | | | | | 29 654 | | 29 654 | |

原始凭证 38

## 工商企业产品销售凭证

购货单位：西关百货商店　　××××年12月28日　　工商A税字第　　册　　号

| 品　名 | 规　格 | 单　位 | 数　量 | 单　价 | 金　额 ||||||||
|---|---|---|---|---|---|---|---|---|---|---|---|---|
| | | | | | 十 | 万 | 千 | 百 | 十 | 元 | 角 | 分 |
| 双人床单 | | 条 | 100 | 288 | | 2 | 8 | 8 | 0 | 0 | 0 | 0 |
| 单人床单 | | 条 | 100 | 108 | | 1 | 0 | 8 | 0 | 0 | 0 | 0 |
| | | | | | | | | | | | | |
| 人民币合计（大写）叁万玖仟陆佰元整 | | | | | ¥ | 3 | 9 | 6 | 0 | 0 | 0 | 0 |

销货单位：八桂被服厂业务专用章　　备注：尚未收到货款　　制单：　　提货人：杨　斌

第二联：发票

---

原始凭证 39

## 工商企业统一发票

发票代码：××××××××××
发票号码：××××××××

购货单位：八桂被服厂　　××××年12月29日　　工商A税字第369号

| 品　名 | 规　格 | 单　位 | 数　量 | 单　价 | 金　额 ||||||||
|---|---|---|---|---|---|---|---|---|---|---|---|---|
| | | | | | 十 | 万 | 千 | 百 | 十 | 元 | 角 | 分 |
| 花布 | 宽1.2 | 米 | 2 000 | 6.14 | | 1 | 2 | 2 | 8 | 0 | 0 | 0 |
| 白布 | 宽1.3 | 米 | 1 000 | 3.26 | | | 3 | 2 | 6 | 0 | 0 | 0 |
| | | | | | | | | | | | | |
| 人民币合计（大写）壹万伍仟伍佰肆拾元整 | | | | | ¥ | 1 | 5 | 5 | 4 | 0 | 0 | 0 |

销货单位：辽阳纺织厂　　收款：贺珊　　制单：杨　斌　　提货人：

第二联：发票

原始凭证 40 $\frac{1}{3}$

## 运杂费结算收据

××年12月2日　　　　　　　　　　　　　No 0000435

| 托运单位 | 辽阳纺织厂 | | 起站 | D市 | 讫站 | 八桂被服厂 |
|---|---|---|---|---|---|---|
| 货物名称 | 件数 | 计费量 | 吨公里 | 运费金额 | 车号 | |
| 布 | | 3 000米 | | 120 | | |
| | | | | | | |
| 金额：壹佰贰拾元整 | | | | 备注 | D市运输公司 财务专用章 | |

主管：　　　　会计：陈　菲　　复核：钟　卫　　收款：戴　立

原始凭证 40 $\frac{2}{3}$

## 运 费 分 配 表

××××年12月29日　　　　　　　　　　金额单位：元

| 材料名称 | 分配标准（米） | 分配率 | 金　额 |
|---|---|---|---|
| 花　布 | 2 000 | | 80.00 |
| 白　布 | 1 000 | | 40.00 |
| 合　计 | 3 000 | 0.04 | 120.00 |

制表：李　月

原始凭证 40 $\frac{3}{3}$

## 中国工商银行
## 转账支票存根

湘ZI 009011

附加信息
_____
_____
_____

出票日期 ××××年12月29日

| 收款人： | 运输公司 |
|---|---|
| 金　额： | ￥120.00 |
| 用　途： | 付运费 |

单位主管 王　新　　会计 李　月

原始凭证 41

## 中国工商银行
## 转账支票存根
湘 ZI 　009012

附加信息
_____
_____
_____
_____

出票日期 ××××年 12月 29日

| 收款人： | 梁山纺织厂 |
| 金　额： | ￥37 600.00 |
| 用　途： | 支付购货款 |

单位主管 王　新　　会计 李　月

原始凭证 42 $\frac{1}{2}$

## 材料采购成本计算单

××年 12月 30日　　　　　　　　　　金额单位：元

| 材料名称 | 单位 | 数量 | 单价 | 买价 | 运杂费 | 采购总成本 | 单位成本 |
|---|---|---|---|---|---|---|---|
| 花布 | 米 | 2 000 | 6.14 | 12 280 | 80 | 12 360 | 6.18 |
| 白布 | 米 | 1 000 | 3.26 | 3 260 | 40 | 3 300 | 3.30 |
| 合计 | | 3 000 | | 15 540 | 120 | 15 660 | |

制表：李　月

原始凭证42 $\frac{2}{2}$

## 材料入库单

供货单位：辽阳纺织厂　　　　　　　　　　　　　　　　　　编号：1016
发票号码：　　　　××××年12月30日　　　　　　　仓库：本厂
　　　　　　　　　　　　　　　　　　　　　　　　　　　金额单位：元

| 材料编号 | 材料名称 | 规格 | 计量单位 | 数量 | | 实际价格 | | | | 备注 |
|---|---|---|---|---|---|---|---|---|---|---|
| | | | | 应收 | 实收 | 单价 | 发票金额 | 运杂费用 | 合计 | |
| | 花布 | 宽1.2 | 米 | 2 000 | 2 000 | 6.14 | 12 280 | 80 | 12 360 | |
| | 白布 | 宽1.3 | 米 | 1 000 | 1 000 | 3.26 | 3 260 | 40 | 3 300 | |
| | 合计 | | | | | | 15 540 | | 15 660 | |
| 质量检验记录 | 制造日期 | | 合格证号 | 技术条件 | | 质量状况 | | 检查结论 | | |
| | ××××年3月 | | 甲015 | | | 优 | | 同意入库 | | |

采购人：　　　　　　　检验员：　　　　　　　记账员：

原始凭证43

## 12月份银行借款利息计算表
××××年12月31日　　　　　　　　　　　　　　　单位：元

| 借款种类 | 借款日期 | 还款日期 | 借款金额 | 月利率 | 月利息 | 累计预提利息 |
|---|---|---|---|---|---|---|
| 短期借款 | ××××年6月1日 | ××××年1月1日 | 50 000.00 | 0.594% | 296.88 | 1 781.25 |
| | | | | | | |

会计主管：　　　　　　记账：　　　　　　制表：李月

原始凭证44 $\frac{1}{3}$

**中国工商银行**
**转账支票存根**
湘ZI 009013

附加信息
_____
_____
_____

出票日期 ××××年12月30日

| 收款人：B市房产局 |
|---|
| 金　额：￥3 513.00 |
| 用　途：支付房租 |

单位主管 王新　　会计 李月

原始凭证 44 2/3

## B市服务业发票

发 票 联　　发票代码：××××××××××

客户：八桂被服厂　　××××年12月30日　　发票号码：××××××××

② 付款人报销凭证

| 项 目 | 单 位 | 数 量 | 单 价 | 金　　　额 ||||||||
|---|---|---|---|---|---|---|---|---|---|---|---|
| | | | | 十 | 万 | 千 | 百 | 十 | 元 | 角 | 分 |
| 房屋租金 | | | | | | 3 | 5 | 1 | 3 | 0 | 0 |
| | | | | | | | | | | | |
| 合计（大写）叁仟伍佰壹拾叁元整 | | | | ¥ | | 3 | 5 | 1 | 3 | 0 | 0 |

收款人单位盖章：　B市房产局财务专用章　　开票人：　　收款人：苏 三

---

原始凭证 44 3/3

## 12月份租赁房屋费用摊销表

××××年12月31日

| 借方科目 | 租赁房屋面积(平方米) | 月单位面积租金 | 分摊金额(元) |
|---|---|---|---|
| 制造费用 | 3 000 | 1 | 3 000.00 |
| 管理费用 | 256.5 | 2 | 513.00 |
| 合　计 | | | 3 513.00 |

会计主管：　　记账：　　制表：李 月

---

原始凭证 45

## 固定资产折旧计算提取表

××××年12月31日　　　　　　单位：元

| 应借科目 | 固定资产类别 | 固定资产月初原值 | 月折旧率(%) | 月折旧额 |
|---|---|---|---|---|
| 制造费用 | | 330 000 | | 1 320.02 |
| 管理费用 | | 80 000 | | 320 |
| 合　计 | | 410 000 | | 1 640.02 |

会计主管：　　记账：　　制表：刘 平

原始凭证 46

## 工 资 分 配 表

××××年 12 月 31 日　　　　　　　　　　　　　　　　单位：元

| 项　　目 | 工　资　总　额 | | | |
|---|---|---|---|---|
| | 基本工资 | 津贴补贴 | 奖金 | 合　计 |
| 生产成本（双人床单） | 14 252 | | | 14 252 |
| 生产成本（单人床单） | 9 416 | | | 9 416 |
| 制造费用 | 2 817 | | | 2 817 |
| 管理费用 | 3 169 | | | 3 169 |
| 合　　　计 | 29 654 | | | 29 654 |

制表：李　月

原始凭证 47

## 职工福利费计提表

××××年 4 月 30 日　　　　　　　　　　　　　　　　单位：元

| 项　　目 | 工资总额 | 计提比例（%） | 计提金额 | 备　注 |
|---|---|---|---|---|
| 双人床单工人工资 | 14 252 | 14 | 1 995.28 | |
| 单人床单工人工资 | 9 416 | 14 | 1 318.24 | |
| 车间管理人员 | 2 817 | 14 | 394.38 | |
| 行政管理人员 | 3 169 | 14 | 443.66 | |
| 合　　计 | 29 654 | | 4 151.56 | |

制表：李　月

原始凭证 48

## 制造费用分配表

××××年 12 月 31 日　　　　　　　　　　　　　　　　单位：元

| 产品 | 分配标准（工时） | 分配率 | 分配金额 | 备　注 |
|---|---|---|---|---|
| 双人床单 | 16 180 | 0.4 | 6 472 | |
| 单人床单 | 10 866 | 0.4 | 4 346.40 | |
| | | | | |
| | | | | |
| 合　计 | 27 046 | 0.4 | 10 818.40 | |

制表：李　月

原始凭证 49 $\frac{1}{2}$

## 产品生产成本计算单

××××年 12 月 31 日　　　　　　　　　　　单位：元

| 成本项目 | 产量(条) | 成 本 项 目 | | | 成本总额 | 单位成本 |
|---|---|---|---|---|---|---|
| | | 直接材料 | 直接人工 | 制造费用 | | |
| 双人床床单 | 500 | 56 880 | 16 247.28 | 6 472 | 79 599.28 | 159.20 |
| 单人床床单 | 700 | 35 040 | 10 734.24 | 4 346.40 | 50 120.64 | 71.60 |
| | | | | | | |
| 合　计 | | 91 920 | 26 981.52 | 10 818.40 | 129 719.92 | |

会计主管　　　　　　　　记账　　　　　　　　制表：李 月

---

原始凭证 49 $\frac{2}{2}$

## 产成品入库单（财会记账联）

交库部门：一车间 二车间　　××××年 12 月 31 日　　　　第 021 号

| 品　名 | 规　格 | 计量单位 | 入库数量 | 单位成本 | 总　成　本 | | | | | | | |
|---|---|---|---|---|---|---|---|---|---|---|---|---|
| | | | | | 十万 | 千 | 百 | 十 | 元 | 角 | 分 | |
| 双人床床单 | | 条 | 500 | 159.2 | | 7 | 9 | 5 | 9 | 9 | 2 | 8 |
| 单人床床单 | | 条 | 700 | 71.6 | | 5 | 0 | 1 | 2 | 0 | 6 | 4 |
| 合　计 | | | | | 1 | 2 | 9 | 7 | 1 | 9 | 9 | 2 |

负责人：　　　　记账：　　　　验收：王 平　　　　经办人：

---

原始凭证 50

## 产品销售成本计算表

××××年 12 月 31 日　　　　　　　　　　　单位：元

| 产　品 | 销售数量(条) | 单位成本 | 金　额 | 备　注 |
|---|---|---|---|---|
| 双人床床单 | 450 | 167.16 | 75 222 | |
| 单人床床单 | 400 | 68.17 | 27 268 | |
| | | | | |
| | | | | |
| 合　计 | | | 102 490 | |

会计主管　　　　　　　　记账　　　　　　　　制表：李 月

原始凭证 51

## 各损益类账户余额表

××××年 12 月 31 日　　　　　　　　　　单位：元

| 收入账户 | 余　额 | 费用成本账户 | 余　额 |
|---|---|---|---|
| 主营业务收入 |  | 主营业务成本 |  |
| 其他业务收入 |  | 销售费用 |  |
| 营业外收入 |  | 营业税金及附加 |  |
| 投资收益 |  | 其他业务成本 |  |
|  |  | 管理费用 |  |
|  |  | 财务费用 |  |
|  |  | 营业外支出 |  |
| 合　计 |  | 合　计 |  |

制表：李　月

原始凭证 52

## 所得税计算表

××××年 12 月 31 日　　　　　　　　　　单位：元

| 项　目 | 利润总额 | 税　率 | 应交税额 |
|---|---|---|---|
| 所得税 |  |  |  |
|  |  |  |  |

制表：李　月

原始凭证 53

## 利润分配表

××××年 12 月 31 日　　　　　　　　　　单位：元

| 项　目 | 净利润 | 比　例 | 金　额 |
|---|---|---|---|
| 盈余公积 |  | 10% |  |
| 应付利润 |  | 50% |  |

制表：李　月

## 实训二　登记明细分类账

【实训目标】

本实训使学生掌握明细分类账的登记方法与技能。具体要求做到：

1. 掌握三栏式明细分类账账页适宜设置哪些账户，并会登记三栏式明细分类账。

2. 掌握数量金额式明细分类账账页分别适宜设置哪些账户，并会登记数量金额式明细分类账。

3. 掌握多栏式明细分类账账页分别适宜设置哪些账户，并会登记各种格式的多栏式明细分类账。

【实训步骤】

1. 根据实训资料（一）设置有关明细分类账户，并登记各明细分类账户的期初余额。

2. 根据实训资料（二）中有关的记账凭证和原始凭证登记开设各种明细分类账。

3. 结出每个明细分类账户的月末余额，并结计出各收、支类账户的本月发生额。

【实训用具】

1. 多栏式明细分类账账页 6 页（自备）。
2. 数量金额式明细分类账账页 4 页（自备）。
3. 多栏式材料采购明细账账页 2 页（见表 8-2、表 8-3）。
4. 多栏式生产成本明细分类账账页 2 页（见表 8-4、表 8-5）。
5. 多栏式制造费用明细分类账账页 1 页（见表 8-6）。
6. 多栏式管理费用明细分类账账页 1 页（见表 8-7）。
7. 多栏式产品销售收入明细分类账账页 1 页（见表 8-8）。

表 8-2

**材料采购明细分类账**

会计科目_____ 明细科目：_____ 子目：_____ 第　　页

| 年 | | 凭证 | | 摘要 | 借　方 | | | | | 贷　方 | | | 余　额 | | |
|---|---|---|---|---|---|---|---|---|---|---|---|---|---|---|---|
| 月 | 日 | 种类 | 编号 | | 数量 | 单价 | 买价 | 运杂费 | 包装费 | 采购成本 | 数量 | 单位成本 | 采购成本 | 数量 | 单位成本 | 采购成本 |
| | | | | | | | | | | | | | | | | |
| | | | | | | | | | | | | | | | | |
| | | | | | | | | | | | | | | | | |
| | | | | | | | | | | | | | | | | |
| | | | | | | | | | | | | | | | | |
| | | | | | | | | | | | | | | | | |
| | | | | | | | | | | | | | | | | |
| | | | | | | | | | | | | | | | | |
| | | | | | | | | | | | | | | | | |

表 8-3

**材料采购明细分类账**

会计科目_____ 明细科目：_____ 子目：_____ 第　　页

| 年 | | 凭证 | | 摘要 | 借　方 | | | | | 贷　方 | | | 余　额 | | |
|---|---|---|---|---|---|---|---|---|---|---|---|---|---|---|---|
| 月 | 日 | 种类 | 编号 | | 数量 | 单价 | 买价 | 运杂费 | 包装费 | 采购成本 | 数量 | 单位成本 | 采购成本 | 数量 | 单位成本 | 采购成本 |
| | | | | | | | | | | | | | | | | |
| | | | | | | | | | | | | | | | | |
| | | | | | | | | | | | | | | | | |
| | | | | | | | | | | | | | | | | |
| | | | | | | | | | | | | | | | | |
| | | | | | | | | | | | | | | | | |
| | | | | | | | | | | | | | | | | |
| | | | | | | | | | | | | | | | | |
| | | | | | | | | | | | | | | | | |

表 8-4

**生产成本明细分类账**

会计科目_____ 明细科目：_____ 子目：_____ 第　页

| ××××年 | | 凭证 | | 摘要 | 成 本 项 目 | | | | | |
|---|---|---|---|---|---|---|---|---|---|---|
| 月 | 日 | 种类 | 编号 | | 产量(个) | 直接材料 | 直接人工 | 其他直接支出 | 制造费用 | 成本合计 |
| 12 | 1 | | | 月初在产品成本 | | | | | | |
| | | | | | | | | | | |
| | | | | | | | | | | |
| | | | | | | | | | | |
| | | | | | | | | | | |
| | | | | | | | | | | |
| | | | | 本月生产费用合计 | | | | | | |
| | | | | 结转完工产品成本 | | | | | | |
| | | | | 月末在产品成本 | | | | | | |

表 8-5

**生产成本明细分类账**

会计科目_____ 明细科目：_____ 子目：_____ 第　页

| ××××年 | | 凭证 | | 摘要 | 成 本 项 目 | | | | | |
|---|---|---|---|---|---|---|---|---|---|---|
| 月 | 日 | 种类 | 编号 | | 产量(个) | 直接材料 | 直接人工 | 其他直接支出 | 制造费用 | 成本合计 |
| 12 | 1 | | | 月初在产品成本 | | | | | | |
| | | | | | | | | | | |
| | | | | | | | | | | |
| | | | | | | | | | | |
| | | | | | | | | | | |
| | | | | | | | | | | |
| | | | | 本月生产费用合计 | | | | | | |
| | | | | 结转完工产品成本 | | | | | | |
| | | | | 月末在产品成本 | | | | | | |

表 8-6

**制造费用明细分类账**

| ××××年 | | 凭证 | | 摘要 | 借方 | | | | | | | 贷方 | 余额 |
| --- | --- | --- | --- | --- | --- | --- | --- | --- | --- | --- | --- | --- | --- |
| 月 | 日 | 种类 | 编号 | | 工资及福利费 | 办公费 | 修理费 | 水电费 | 房租 | 折旧费 | 合计 | | |
| | | | | | | | | | | | | | |
| | | | | | | | | | | | | | |
| | | | | | | | | | | | | | |
| | | | | | | | | | | | | | |
| | | | | | | | | | | | | | |
| | | | | | | | | | | | | | |
| | | | | | | | | | | | | | |
| | | | | | | | | | | | | | |
| | | | | | | | | | | | | | |

表 8-7

**管理费用明细分类账**

| ××××年 | | 凭证 | | 摘要 | 借方 | | | | | | | | 贷方 | 余额 |
| --- | --- | --- | --- | --- | --- | --- | --- | --- | --- | --- | --- | --- | --- | --- |
| 月 | 日 | 种类 | 编号 | | 工资及福利费 | 办公费 | 修理费 | 水电费 | 业务招待费 | 房租 | 折旧费 | 合计 | | |
| | | | | | | | | | | | | | | |
| | | | | | | | | | | | | | | |
| | | | | | | | | | | | | | | |
| | | | | | | | | | | | | | | |
| | | | | | | | | | | | | | | |
| | | | | | | | | | | | | | | |
| | | | | | | | | | | | | | | |
| | | | | | | | | | | | | | | |
| | | | | | | | | | | | | | | |

表 8-8

**主营业务收入明细分类账**

| ××××年 | | 凭证 | | 摘要 | 贷方 | | | 借方 | 余额 |
|---|---|---|---|---|---|---|---|---|---|
| 月 | 日 | 种类 | 编号 | | 双人床床单 | 单人床床单 | 合计 | | |
|  |  |  |  |  |  |  |  |  |  |
|  |  |  |  |  |  |  |  |  |  |
|  |  |  |  |  |  |  |  |  |  |
|  |  |  |  |  |  |  |  |  |  |
|  |  |  |  |  |  |  |  |  |  |
|  |  |  |  |  |  |  |  |  |  |

**【实训资料】**

资料（一） 八桂被服厂××××年12月1日，各有关明细分类账户的期初余额如表8-9所示。

表 8-9

**明细分类账户的期初余额**

| 总账科目 | 明细科目 | 借/贷 | 余额 | 总账科目 | 明细科目 | 借/贷 | 余额 | | |
|---|---|---|---|---|---|---|---|---|---|
| | | | | | | | 数量 | 单价 | 金额 |
| 应收账款 | 八桂西关百货 | 借 | 28 800.00 | 原材料 | 花布 | 借 | 2 000 | 6.18 | 12 360.00 |
| | 八桂京都商场 | 借 | 93 600.00 | | 白布 | | 2 500 | 3.30 | 8 250.00 |
| 应付账款 | 辽阳纺织厂 | 贷 | 37 000.00 | 库存商品 | 双人床单 | 借 | 500 | 175.12 | 87 560.00 |
| | 梁山纺织厂 | 贷 | 21 650.00 | | 单人床单 | 借 | 400 | 62.17 | 24 868.00 |

| 总账科目 | 明细科目 | 借/贷 | 余额 | | | | |
|---|---|---|---|---|---|---|---|
| | | | 直接材料 | 直接人工 | 其他直接支出 | 制造费用 | 合计 |
| 生产成本 | 双人床床单 | 借 | 11 376.00 | 2 850.40 | | 1 695.46 | 15 919.86 |
| | 单人床床单 | | | | | | |

资料（二） 八桂被服厂××××年12月份的原始凭证和记账凭证（见实训一登记日记账中的原始凭证和记账凭证）。

## 实训三  登记总分类账

**【实训目标】**

本实训使学生掌握总分类账的登记方法与技能。具体要求做到：

1. 掌握直接根据各种记账凭证登记总分类账的方法与技能。
2. 掌握先将一定时间的各种记账凭证汇总编制科目汇总表,然后再根据科目汇总表登记总账的记账方法与技能。

【实训步骤】

1. 根据实训资料(一)设置总分类账户,并登记期初余额。
2. 根据实训资料(二)采用直接根据各种记账凭证登记总分类账的方法登记总分类账,并结出期末余额,对于各收、支类账户还要结出本期发生额。
3. 将实训资料(二)中的记账凭证分别按 1~10 日、11~20 日、21~31 日汇总编制 3 张科目汇总表。

【实训用具】

1. 三栏式总分类账账页 30 页(自备 2 套)。
2. 科目汇总表 4 张(自备)。

【实训资料】

资料(一)　八桂被服厂××××年 12 月 1 日,各总分类账户的期初余额如表 8-10 所示。

表 8-10

**总分类账户的期初余额**

| 总账科目 | 借方余额 | 总账科目 | 借方余额 | 总账科目 | 贷方余额 |
| --- | --- | --- | --- | --- | --- |
| 固定资产 | 403 400.00 | 主营业务成本 | | 实收资本 | 441 516.00 |
| 原材料 | 27 210.00 | 销售费用 | | 资本公积 | 10 416.28 |
| 库存现金 | 615.56 | 管理费用 | | 盈余公积 | 11 168.60 |
| 银行存款 | 68 731.46 | 财务费用 | | 本年利润 | 68 800.00 |
| 库存商品 | 112 428.00 | 营业外支出 | | 短期借款 | 50 000.00 |
| 应收账款 | 122 400.00 | | | 应付账款 | 58 650.00 |
| 利润分配 | 21 440.00 | | | 应交税费 | 6 140.00 |
| 生产成本 | 15 919.86 | | | 应付职工薪酬 | 40 854.00 |
| 其他应收款 | | | | 累计折旧 | 24 600.00 |
| 材料采购 | | | | 长期借款 | 54 000.00 |
| 制造费用 | | | | 营业外收入 | |
| 所得税费用 | | | | 应付利息 | 6 000.00 |
| 合　　计 | 772 144.88 | | | 合　　计 | 772 144.88 |

资料(二)　八桂被服厂××××年12月份的记账凭证(见实训一登记日记账中的记账凭证)。

## 实训四　结账和对账

【实训目标】

本实训使学生掌握结账和对账的方法和技能。具体要求做到：
1. 掌握按照权责发生制原则的要求，调整和结转有关账项的方法和技能。
2. 掌握账户本期发生额和期末余额的登记方法和技能。
3. 掌握月份、季度和年度结账的标记方法。
4. 掌握账证核对、账账核对的方法和技能。

【实训步骤】

1. 根据实训资料(一)，检查所有的记账凭证是否都已登记入账，如果有漏记的要补记入账。
2. 根据实训资料(一)，检查31日的记账凭证，该调整的账项和结转的账项是否都调整和结转完毕。
3. 根据实训资料(一)，计算各总分类账户12月份的本月发生额和月末余额，并作出月结的标记。
4. 根据实训资料(三)、资料(四)，对各总分类账户进行年度结转。
5. 根据实训资料(一)、资料(三)，进行日记账与总分类账的核对。
6. 根据实训资料(二)、资料(三)，将各总分类账户的月末余额与各有关明细分类账户的月末余额合计核对相符，填制"明细分类账户余额表"。
7. 根据实训资料(三)，填制总分类账户本期发生额及余额核对表。

【实训用具】

1. 明细分类账户余额核对表1张(见表8-11)。
2. 总分类账户本期发生额及余额核对表1张(见表8-12)。

表 8-11

**明细分类账户余额核对表**

××××年 月 日

| 总账科目 | 明细科目 | 期末余额 | | 总账科目 | 明细科目 | 期末余额 | |
|---|---|---|---|---|---|---|---|
| | | 借方 | 贷方 | | | 借方 | 贷方 |
| 应收账款 | 西关百货 | | | 其他应收款 | 于志广 | | |
| | 京都商场 | | | | | | |
| | 合　　计 | | | | 合　　计 | | |
| 应付账款 | 八桂纺织厂 | | | 库存商品 | 双人床单 | | |
| | 梁山纺织厂 | | | | 单人床单 | | |
| | 合　　计 | | | | 合　　计 | | |
| 原材料 | 花　　布 | | | 生产成本 | 双人床单 | | |
| | 白　　布 | | | | 单人床单 | | |
| | 合　　计 | | | | 合　　计 | | |

表 8-12

**总分类账户本期发生额及余额核对表**

××××年 月 日

| 会计科目 | 本期发生额 | | 期末余额 | | 会计科目 | 本期发生额 | | 期末余额 | |
|---|---|---|---|---|---|---|---|---|---|
| | 借方金额 | 贷方金额 | 借方金额 | 贷方金额 | | 借方金额 | 贷方金额 | 借方金额 | 贷方金额 |
| 一、资产类 | | | | | 应交税费 | | | | |
| 库存现金 | | | | | 三、所有者权益类 | | | | |
| 银行存款 | | | | | 实收资本 | | | | |
| 应收账款 | | | | | 资本公积 | | | | |
| 其他应收款 | | | | | 盈余公积 | | | | |
| 材料采购 | | | | | 本年利润 | | | | |
| 原材料 | | | | | 利润分配 | | | | |
| 库存商品 | | | | | 四、成本类 | | | | |
| 固定资产 | | | | | 生产成本 | | | | |
| 累计折旧 | | | | | 制造费用 | | | | |
| 二、负债类 | | | | | 五、损益类 | | | | |
| 短期借款 | | | | | 主营业务收入 | | | | |
| 应付账款 | | | | | 主营业务成本 | | | | |
| 应付职工薪酬 | | | | | 销售费用 | | | | |

(续表)

| 会计科目 | 本期发生额 | | 期末余额 | | 会计科目 | 本期发生额 | | 期末余额 | |
|---|---|---|---|---|---|---|---|---|---|
| | 借方金额 | 贷方金额 | 借方金额 | 贷方金额 | | 借方金额 | 贷方金额 | 借方金额 | 贷方金额 |
| 管理费用 | | | | | 营业外支出 | | | | |
| 财务费用 | | | | | 所得税费用 | | | | |
| 营业外收入 | | | | | | | | | |

**【实训资料】**

资料(一) 八桂被服厂××××年12月份的原始凭证、记账凭证和日记账(见实训一)。

资料(二) 八桂被服厂××××年12月份的各明细分类账(见实训二)。

资料(三) 八桂被服厂××××年12月份的总分类账(见实训三)。

资料(四) 八桂被服厂××××年1~11月份有关收、支类账户本年累计发生额如表8-13所示。

表8-13

**收、支类账户本年累计发生额**

| 账户名称 | 借方累计发生额 | 贷方累计发生额 | 账户名称 | 借方累计发生额 | 贷方累计发生额 |
|---|---|---|---|---|---|
| 主营业务收入 | 1 900 800.00 | 1 900 800.00 | 财务费用 | 3 265.68 | 3 265.68 |
| 主营业务成本 | 1 140 392.00 | 1 140 392.00 | 营业外收入 | 13 200.00 | 13 200.00 |
| 销售费用 | 18 480.00 | 18 480.00 | 营业外支出 | 11 000.00 | 11 000.00 |
| 管理费用 | 96 919.46 | 96 919.46 | 所得税费用 | 212 501.19 | 212 501.19 |
| 制造费用 | 119 002.18 | 119 002.18 | | | |

# 第九章 账务处理程序

## 习题

**一、单项选择题**

1. 规模较小、业务量较少的单位适用（   ）。
   A. 记账凭证账务处理程序　　　　　　B. 汇总记账凭证处理程序
   C. 科目汇总表账务处理程序　　　　　D. 多栏式日记总表处理程序
2. 汇总记账凭证是依据（   ）编制的。
   A. 记账凭证　　　　　　　　　　　　B. 原始凭证
   C. 原始凭证汇总表　　　　　　　　　D. 各种总账
3. 汇总记账凭证账务处理程序的优点是（   ）。
   A. 详细反映经济业务发生情况　　　　B. 可以做到试算平衡
   C. 处理程序简单　　　　　　　　　　D. 便于了解账户之间的对应关系
4. 下列不属于科目汇总表账务处理程序优点的是（   ）。
   A. 科目汇总表的编制和使用较为简便，易学易做
   B. 可以清晰地反映账户之间的对应关系
   C. 可以大大减少登记总分类账的工作量
   D. 科目汇总表可以起到试算平衡的作用，保证总账登记的正确性
5. 科目汇总表是依据（   ）编制的。
   A. 记账凭证　　　　　　　　　　　　B. 原始凭证
   C. 原始凭证汇总表　　　　　　　　　D. 各种总账
6. 以下项目中，属于科目汇总表账务处理程序缺点的是（   ）。
   A. 增加了会计核算的账务处理程序　　B. 增加了登记总分类账的工作量
   C. 不便于检查核对账目　　　　　　　D. 不便于进行试算平衡
7. 各种账务处理程序之间的区别主要在于（   ）。
   A. 总账的格式不同　　　　　　　　　B. 编制会计报表的依据不同
   C. 登记总账的依据不同　　　　　　　D. 会计凭证的种类不同
8. 会计报表是根据（   ）编制的。
   A. 日记账、总账和明细账　　　　　　B. 日记账和明细分类账
   C. 明细账各总分类账　　　　　　　　D. 日记账和总分类账
9. 根据科目汇总表登记总账，在简化登记总账工作的同时也起到了（   ）的作用。
   A. 简化报表的编制　　　　　　　　　B. 反映账户对应关系

C. 简化明细账工作　　　　　　　D. 发生额试算平衡

10. （　　）是最基本的一种账务处理程序。
   A. 日记总账账务处理程序　　　B. 汇总记账凭证账务处理程序
   C. 科目汇总表账务处理程序　　D. 记账凭证账务处理程序

## 二、多项选择题

1. 在科目汇总表账务处理程序下，记账凭证是（　　）的依据。
   A. 登记现金日记账　　　　　　B. 登记总分类账
   C. 登记明细分类账　　　　　　D. 编制科目汇总表

2. 在我国，常用的账务处理程序主要有（　　）。
   A. 记账凭证账务处理程序　　　B. 汇总记账凭证账务处理程序
   C. 多栏式日记账账务处理程序　D. 科目表账务处理程序

3. 科目汇总表账务处理程序的优点有（　　）。
   A. 科目汇总表的编制使用较为简便，易学易做
   B. 可以清晰地反映科目之间的对应关系
   C. 便于查对账目
   D. 科目汇总表可以起到试算平衡的作用，保证总账登记的正确性

4. 在常见的几种处理程序中，共同的账务处理工作有（　　）。
   A. 均应填制和取得原始凭证　　B. 均应编制记账凭证
   C. 均应填制汇总记账凭证　　　D. 均应设置和登记总账

5. 账务处理程序也叫会计核算组织程序，它是指（　　）相结合的方式。
   A. 会计凭证　　　　　　　　　B. 会计账簿
   C. 会计报表　　　　　　　　　D. 会计科目

6. 在不同的账务处理程序下，登记明细账的依据可能有（　　）。
   A. 记账凭证　　　　　　　　　B. 汇总记账凭证
   C. 科目汇总表　　　　　　　　D. 汇总原始凭证

## 三、判断题

1. 在不同的账务处理程序中，登记总账的依据相同。（　　）
2. 会计凭证、会计账簿、会计报表之间的结合方式不同，构成不同的账务处理程序。（　　）
3. 记账凭证账务处理程序的主要特点就是直接将各种记账凭证登记总账。（　　）
4. 汇总记账凭证账务处理程序和科目汇总表账务处理程序都适用于经济业务较多的单位。（　　）
5. 科目汇总表账务处理程序能科学地反映账户的对应关系，且便于账目核对。（　　）
6. 会计报表是根据总分类账、明细分类账记录定期编制的。（　　）
7. 科目汇总表可以反映账户之间的对应关系，但不能起到试算平衡的作用。（　　）
8. 记账凭证账务处理程序是直接根据记账凭证逐笔登记总分类账，是最基本的账务处理程序。（　　）

9. 账务处理程序就是指记账程序。（    ）
10. 在各种账务处理程序下，其登记现金日记账的直接依据都是相同的。（    ）

四、简答题
1. 简述记账凭证账务处理程序的一般程序。
2. 简述汇总记账凭证账务处理程序的一般程序。
3. 简述科目汇总表账务处理程序的一般程序。

# 第十章 财产清查

## 习题

### 一、单项选择题

1. 一般来说，在企业撤销、合并和改变隶属关系前应对财产进行（　　）。
   A. 全面清查　　　　　　　　　B. 局部清查
   C. 实地盘点　　　　　　　　　D. 定期清查

2. 对于大量堆积的煤炭清查一般采用（　　）法进行清查。
   A. 实地盘点　　　　　　　　　B. 技术推算
   C. 抽查检验　　　　　　　　　D. 发函询证

3. 下列记录中，可以作为调整账面数字的原始凭证的是（　　）。
   A. 盘存单　　　　　　　　　　B. 实存账存对比表
   C. 往来款项对账单　　　　　　D. 银行存款余额调节表

4. 库存现金清查中对无法查明原因的长款，经批准应计入（　　）。
   A. 其他应收款　　　　　　　　B. 其他应付款
   C. 营业外收入　　　　　　　　D. 管理费用

5. 财产清查是用来检查（　　）的一种专门方法。
   A. 账实是否相符　　　　　　　B. 账账是否相符
   C. 账表是否相符　　　　　　　D. 账证是否相符

6. 下列各项中，采用与对方核对账目的方法清查的是（　　）。
   A. 固定资产　　　　　　　　　B. 存货
   C. 库存现金　　　　　　　　　D. 往来款项

7. 在企业与银行双方记账无误的情况下，银行存款日记账与银行对账单余额不一致是由于有（　　）存在。
   A. 应收账款　　　　　　　　　B. 应付账款
   C. 未达账项　　　　　　　　　D. 其他货币资金

8. 更换出纳人员，应对其保管的库存现金进行清查，这种财产清查属于（　　）。
   A. 全面清查和定期清查　　　　B. 局部清查和不定期清查
   C. 全面清查和不定期清查　　　D. 局部清查和定期清查

9. 对于应收账款进行清查应采用的方法是（　　）。
   A. 技术推算法　　　　　　　　B. 实地盘点法
   C. 发函询证法　　　　　　　　D. 抽查法

10. 对原材料、库存商品盘点后应编制（　　）。
    A. 实存账存对比表　　　　　　B. 盘存单
    C. 余额调节表　　　　　　　　D. 对账单
11. 库存现金清查盘点时，（　　）必须在场。
    A. 记账人员　　　　　　　　　B. 出纳人员
    C. 单位领导　　　　　　　　　D. 会计主管
12. 对库存现金的清查应采用的方法是（　　）。
    A. 实地盘点法　　　　　　　　B. 技术推算法
    C. 倒挤法　　　　　　　　　　D. 抽查法

## 二、多项选择题

1. 银行存款日记账余额与银行对账单余额不一致，原因可能有（　　）。
    A. 银行存款日记账记账有误　　B. 银行记账有误
    C. 存在未达账项　　　　　　　D. 存在企业与银行均未付的款项
2. 下列各项中，企业应对其财产进行全面清查的有（　　）。
    A. 年终决算前　　　　　　　　B. 企业进行股份制改造前
    C. 更换保管员　　　　　　　　D. 开展全面的资产评估前
3. 下列未达账项中，使企业银行存款日记账的余额小于银行对账单余额的未达账项有（　　）。
    A. 企业已收款记账而银行尚未收款记账
    B. 企业已付款记账而银行尚未付款记账
    C. 银行已收款记账而企业尚未收款记账
    D. 银行已付款记账而银行尚未付款记账
4. "待处理财产损溢"账户借方登记的有（　　）。
    A. 等待批准处理的财产盘亏、毁损　　B. 经批准转销的财产盘亏、毁损
    C. 等待批准处理的财产盘盈　　　　　D. 经批准转销的财产盘盈
5. 下列各项中，可能造成账实不符的有（　　）。
    A. 财产收发计量或检验不准　　B. 管理不善
    C. 未达账项　　　　　　　　　D. 账簿记录发生差错
6. 财产清查的意义有（　　）。
    A. 确保会计资料真实可靠
    B. 保护财产物资的安全完整
    C. 提高资金使用效能
    D. 建立健全规章制度，提高企业管理水平

## 三、判断题

1. 从财产清查的对象和范围看，全面清查只有在年终进行。（　　）
2. 经批准转销固定资产盘亏净损失时，财务处理应借记"营业外支出"账户，贷记"固定资产清理"账户。（　　）
3. 对仓库中的所有存货进行盘点属于全面清查。（　　）

4. 账实不符是财产管理不善或会计人员水平不高的结果。（　　）
5. 实物盘点后,应根据"实存账存对比表"作为调整账面余额记录的原始凭证。（　　）
6. 财产定期清查一般不在期末进行。（　　）
7. 盘点实物时,发现账面数大于实存数,即为盘盈。（　　）
8. 未达账项仅仅是指企业未收到凭证而未入账的款项。（　　）
9. 对应付账款应采用发函询证法进行清查。（　　）
10. 转销已批准处理的财产盘盈数登记在"待处理财产损溢"账户的贷方。（　　）

### 四、简答题

1. 简述未达账项的几种情况。
2. 简述财产清查的意义。

### 五、计算题

1. 某企业是增值税一般纳税人,因暴雨毁损库存材料一批,该批材料实际成本为20 000元,收回残料价值800元,保险公司应赔偿11 600元。假定不考虑增值税因素。

要求：（1）编制批准处理前该企业的相关会计分录。
　　　（2）编制批准处理后该企业的相关会计分录。

2. 某企业年末进行财产清查,清查结果如下：
（1）库存现金溢余500元,无法查明原因。
（2）盘亏材料10 000元,可以收回的保险赔偿和过失人赔款合计5 000元,剩余的净损失中有3 000元属于非常损失,2 000元属于自然损耗。
（3）发现设备短缺一台,账面原价5 000元,已计提折旧1 000元。

要求：编制上述业务批准处理前后的相关会计分录。

注：本章实训详见第二篇综合实训"科目汇总表财务处理程序"。

## 单项实训

### 实训一　实物清查

【实训目标】

本实训使学生掌握实物清查的方法和对实物清查结果的账务处理技能。具体要求做到：

1. 掌握实物清查的实地盘点法和技术推算法。
2. 掌握"盘存单"和"实存账存对比表"的填制方法。
3. 掌握对实物清查结果的账务处理方法。

【实训步骤】

1. 根据实训资料（一）中的清查结果填制"盘存单"。

2. 根据"盘存单"和实训资料(三)中的领导批示进行领导批准前、后的账务处理。

## 【实训用具】

1. 盘存单 1 张(见表 10-1)。
2. 实存账存对比表 1 张(见表 10-2)。
3. 转账凭证 8 张(自备)。

表 10-1

### 盘 存 单

单位名称：　　　　　盘点时间：　　　年　月　日　　　　　　　　　　金额单位：

| 盘存地点 | 实物名称 | 规格 | 计量单位 | 实存数 | 单价 | 金额 | 实物保管人 |
|---|---|---|---|---|---|---|---|
|  |  |  |  |  |  |  |  |
|  |  |  |  |  |  |  |  |
|  |  |  |  |  |  |  |  |
|  |  |  |  |  |  |  |  |

盘点人：　　　　　　　　　　　　　　　　　　　　　　　　　　　制单：

表 10-2

### 实存账存对比表

单位名称：　　　　　　　　　　　年　月　日　　　　　　　　金额单位：

| 实物名称 | 规格 | 计量单位 | 单价 | 实存 | | 账存 | | 盘盈 | | 盘亏 | | 备注 |
|---|---|---|---|---|---|---|---|---|---|---|---|---|
|  |  |  |  | 数量 | 金额 | 数量 | 金额 | 数量 | 金额 | 数量 | 金额 |  |
|  |  |  |  |  |  |  |  |  |  |  |  |  |
|  |  |  |  |  |  |  |  |  |  |  |  |  |
|  |  |  |  |  |  |  |  |  |  |  |  |  |

盘点人：　　　　　　　　　　　　　　　　　　　　　　　　　　　制表：

## 【实训资料】

资料(一)　八桂被服厂××××年11月30日，对企业的实物进行清查，清查的结果是：

第一车间：实存电动机17台，规格：JOW；缝纫机16台，规格：BD型。第二车间：实存电动机10台，规格：JOW；缝纫机9台，规格：BD型。仓库：实存花布2 400米，规格：面宽1.2米；白布2 000米，规格：面宽1.3米；单人床单400条；双人床单500条。

资料(二)　八桂被服厂××××年11月30日有关实物账户账面结存如表10-3所示。

表 10-3

### 八桂被服厂有关实物账户账面结存单

××××年11月30日　　　　　　　　　　金额单位：元

| 总分类账户名称 | 明细分类账户名称 | 单位 | 规格 | 账面结存 | | |
|---|---|---|---|---|---|---|
| | | | | 数量 | 单价 | 金额 |
| 固定资产 | 电动机 | 台 | JOW | 26 | 1 580.00 | 41 080.00 |
| 固定资产 | 缝纫机 | 台 | BD型 | 26 | 1 380.00 | 35 880.00 |
| 原材料 | 花布 | 米 | 面宽1.2 | 2 000 | 6.18 | 12 360.00 |
| 原材料 | 白布 | 米 | 面宽1.3 | 2 500 | 3.30 | 8 250.00 |
| 库存商品 | 单人床床单 | 条 | | 400 | 62.17 | 24 868.00 |
| 库存商品 | 双人床床单 | 条 | | 500 | 175.12 | 87 560.00 |

资料（三）　关于财产清查结果处理意见的批示：

盘盈电动机的净值转作营业外收入，盘亏缝纫机的净值转作营业外支出，盘盈花布属于计量差错造成的，其价值冲减管理费用，盘亏白布属于管理不善造成的，其价值计入管理费用。

厂长：于智慧

××××年11月30日

## 实训二　现金清查

【实训目标】

本实训使学生掌握现金清查的方法和对现金清查结果的账务处理技能。具体要求做到：

1. 掌握现金清查的实地盘点方法。
2. 掌握"现金盘点报告表"的填制方法。
3. 掌握对现金清查结果的账务处理技能。

【实训步骤】

1. 根据实训资料（一）中的现金清查结果和现金日记账填制"现金盘点报告表"。
2. 根据"现金盘点报告表"和实训资料（二）进行领导批准前、后的账务处理。

【实训用具】

1. "库存现金盘点报告表"1张（见表10-4）。

2. 付款凭证1张(自备)。
3. 转账凭证1张(自备)。

表10-4

**库存现金盘点报告表**

单位名称：　　　　　　　　　　年　月　日　　　　　　　　　单位：

| 实存金额 | 账存金额 | 实存与账存对比 | | 备注 |
|---|---|---|---|---|
| | | 盘盈 | 盘亏 | |
| | | | | |

盘点人：　　　　　　出纳员：　　　　　　制表：

【实训资料】

资料(一) 八桂被服厂××××年11月30日,通过实地盘点的方法,对库存现金进行了清查,其现金实存数为600.14元。经核对,其现金日记账户的账面余额为615.56元。

资料(二) 关于现金清查结果处理意见的批示：
现金清查中发现的现金短款,由出纳员刘文赔偿。

厂长：于智慧
××××年11月30日

## 实训三　银行存款清查

【实训目标】

本实训使学生掌握银行存款清查的方法,具体要求做到：
1. 掌握企业银行存款日记账与银行对账单的核对方法。
2. 掌握"银行存款余额调节表"的编制方法。

【实训步骤】

1. 根据实训资料(一)、资料(二)中的企业银行存款日记账和银行对账单进行逐笔核对。
2. 根据核对结果编制"银行存款余额调节表"。

【实训用具】

"银行存款余额调节表"1张(见表10-5)。

表 10-5

### 银行存款余额调节表

××××年12月10日　　　　　　　　　　　　　　　　　　单位：元

| 项　目 | 金　额 | 项　目 | 金　额 |
|---|---|---|---|
| 银行对账单存款余额 | | 企业银行存款账余额 | |
| 加：企业已存入，银行尚未入账的款项 | | 加：银行已收款记账，企业尚未记账的款项 | |
| 减：企业已付款记账，银行尚未记账的款项 | | 减：银行已付款记账，而企业尚未记账的款项 | |
| 调节后的存款余额 | | 调节后的存款余额 | |

【实训资料】

资料（一）　八桂被服厂××××年12月1~10日银行存款日记账如表10-6所示。

表 10-6

### 银行存款日记账

| ××××年 | | 记账凭证 | | 摘要 | 对方科目 | 结算凭证 | | 借方 | 贷方 | 核对 | 结余 |
|---|---|---|---|---|---|---|---|---|---|---|---|
| 月 | 日 | 种类 | 号 | | | 种类 | 号码 | | | | |
| 12 | 1 | | | 期初余额 | | | | | | | 65 218.46 |
| | 1 | 现付 | 1 | 提现 | | 现支 | 100 | | 600.00 | | 64 618.46 |
| | 2 | 银付 | 1 | 付货款 | | 转支 | 098 | | 43 740.00 | | 20 878.46 |
| | 7 | 银收 | 1 | 收货款 | | 转支 | 688 | 28 800.00 | | | 49 678.46 |
| | 8 | 银收 | 2 | 收货款 | | 转支 | 698 | 79 200.00 | | | 128 878.46 |
| | 8 | 银付 | 2 | 付货款 | | 转支 | 100 | | 37 000.00 | | 91 878.46 |
| | 9 | 银付 | 3 | 付货款 | | 转支 | 101 | | 21 650.00 | | 70 228.46 |
| | 10 | 银付 | 4 | 付广告费 | | 转支 | 102 | | 480.00 | | 69 748.46 |
| | | | | | | | | | | | |

资料（二）　银行转来的12月1~10日的"银行对账单"如表10-7所示。

表10-7

**银 行 对 账 单**

账号：560718　　　　　　户名：八桂被服厂　　　　　　　　　　单位：元

| ××××年 | | 摘　要 | 结算凭证 | | 借　方 | 贷　方 | 核对号 | 贷方余额 | 复核盖章 |
|---|---|---|---|---|---|---|---|---|---|
| 月 | 日 | | 种类 | 号码 | | | | | |
| 12 | 1 | 承前页 | | | | | | 65 218.46 | |
| | 1 | 提现 | 现支 | 100 | 600.00 | | | 64 618.46 | |
| | 3 | 转付 | 转支 | 098 | 43 740.00 | | | 20 878.46 | |
| | 7 | 转收 | 转支 | 688 | | 28 800.00 | | 49 678.46 | |
| | 8 | 转收 | 转支 | 698 | | 41 000.00 | | 90 678.46 | |
| | 9 | 转付 | 转支 | 100 | 37 000.00 | | | 53 678.46 | |
| | 9 | 转付 | 托收 | 467 | 6 800.00 | | | 46 878.46 | |
| | | | | | | | | | |

注：银行对账单的贷方登记增加数，借方登记减少数。

# 第十一章 财务会计报表

## 习题

### 一、单项选择题

1. 依照我国会计准则,利润表采用的格式为( )。
   A. 单步式　　　　　　　　　B. 多步式
   C. 账户式　　　　　　　　　D. 混合式
2. 依照我国会计准则,资产负债表采用的格式为( )。
   A. 单步式　　　　　　　　　B. 多步式
   C. 账户式　　　　　　　　　D. 混合式
3. 资产负债表是反映企业( )财务状况的财务报表。
   A. 某一特定日期　　　　　　B. 一定时期内
   C. 某一年份内　　　　　　　D. 某一月份内
4. 在下列各个财务报表中,属于企业对外提供的静态报表是( )。
   A. 利润表　　　　　　　　　B. 所有者权益变动表
   C. 资产负债表　　　　　　　D. 现金流量表
5. "应收账款"科目所属明细科目如有贷方余额,应在资产负债表( )项目中反映。
   A. 预付账款　　　　　　　　B. 预收账款
   C. 应付账款　　　　　　　　D. 应收账款
6. 编制财务报表时,以"资产＝负债＋所有者权益"会计等式作为编制依据的是( )。
   A. 利润表　　　　　　　　　B. 所有者权益变动表
   C. 资产负债表　　　　　　　D. 现金流量表
7. 编制财务报表时,以"收入－费用＝利润"这一会计等式作为编制依据的是( )。
   A. 利润表　　　　　　　　　B. 所有者权益变动表
   C. 资产负债表　　　　　　　D. 现金流量表
8. 资产负债表中的资产项目应按其( )大小顺序排列。
   A. 流动性　　　　　　　　　B. 重要性
   C. 变动性　　　　　　　　　D. 盈利性
9. 财务报表中各项目数字的直接来源是( )。
   A. 原始凭证　　　　　　　　B. 日记账
   C. 记账凭证　　　　　　　　D. 账簿记录

10. 资产负债表中的"应付账款"项目,应（　　）。
   A. 直接根据"应付账款"科目的期末贷方余额填列
   B. 根据"应付账款"科目的贷方余额"应付账款"科目的期末借方余额计算填列
   C. 根据"应付账款"科目的贷方余额"应付账款"科目的期末贷方余额计算填列
   D. 根据"应付账款"科目和"预付账款"科目所属相关明细科目的期末贷方余额计算填列

二、多项选择题

1. 利润表中的"营业成本"项目填列的依据有（　　）。
   A. "营业外支出"发生额　　　　B. "主营业务成本"发生额
   C. "其他业务成本"发生额　　　D. "营业税金及附加"发生额
2. 下列各项中,属于利润表提供的信息有（　　）。
   A. 实现的营业收入　　　　　　B. 发生的营业成本
   C. 营业利润　　　　　　　　　D. 企业的净利润或亏损总额
3. 下列各项中,属于资产负债表中流动资产项目的有（　　）。
   A. 货币资金　　　　　　　　　B. 预收款项
   C. 应收账款　　　　　　　　　D. 存货
4. 编制资产负债表时,需根据有关总账科目期末余额分析、计算填列的项目有（　　）。
   A. 货币资金　　　　　　　　　B. 预付款项
   C. 存货　　　　　　　　　　　D. 短期借款
5. 在编制资产负债表时,应根据总账科目的期末贷方余额直接填列的项目有（　　）。
   A. 应收利息　　　　　　　　　B. 交易性金融资产
   C. 短期借款　　　　　　　　　D. 应付利息
6. 下列账户中,可能影响资产负债表中"应付账款"项目金额的有（　　）。
   A. 应收账款　　　　　　　　　B. 预收账款
   C. 应付账款　　　　　　　　　D. 预付账款
7. 资产负债表中,"预收款项"项目应根据（　　）总分类账户所属各明细分类账户期末贷方余额合计填列。
   A. 预付账款　　　　　　　　　B. 应收账款
   C. 应付账款　　　　　　　　　D. 预收账款
8. 资产负债表的相关项目,可以根据（　　）。
   A. 总账科目余额直接填列　　　B. 总账科目余额计算填列
   C. 记账凭证直接填列　　　　　D. 明细科目余额计算填列
9. 企业财务会计报表按其编报的时间不同,分为（　　）。
   A. 半年度报表　　　　　　　　B. 月度报表
   C. 季度报表　　　　　　　　　D. 年度报表
10. 资产负债表中的"货币资金"项目,应根据（　　）科目期末余额的合计数填列。
    A. 备用金　　　　　　　　　　B. 库存现金
    C. 银行存款　　　　　　　　　D. 其他货币资金

### 三、判断题

1. 按财务报表的报送对象不同,分为对外财务报表和对内财务报表。（  ）
2. 资产负债表的格式主要有账户式和报告式两种,我国采用的是报告式。（  ）
3. 资产负债表中的"长期待摊费用"项目应根据"长期待摊费用"科目的余额直接填列。（  ）
4. 利润表是反映企业在一定会计期间经营成果的报表,属于静态报表。（  ）
5. 利润表的格式主要有多步式和单步式两种,我国采用多步式。（  ）
6. 营业利润减去管理费用、销售费用、财务费用和所得税费用后得到净利润。（  ）
7. 财务会计报告是由企业根据经过审核的会计凭证编制的。（  ）
8. 资产负债表的"期末余额"栏各项目主要是根据总账或有关明细账本期发生额直接填列的。（  ）
9. 利润表是反映企业一定日期财务状况的财务报表。（  ）
10. 利润表中的各项目应根据有关损益类账户的本期发生额或余额分析计算填列。（  ）

### 四、简答题

1. 简述财务会计报表的编制要求。
2. 简述财务会计报表的构成。

## 单项实训

### 实训一　编制资产负债表

【实训目标】

本实训使学生掌握资产负债表的结构、内容和编制方法。

【实训步骤】

1. 整理、审核编表的资料来源(见实训资料)。
2. 根据实训资料按规定方法填写表中各项目,编制资产负债表底表。
3. 对资产负债表底表进行审查后,编制正式资产负债表。

【实训用具】

"资产负债表"2张。

【实训资料】

寰宇厂××××年12月31日总账账户余额及年初余额如表11-1所示。

表 11-1

**总账账户余额及年初余额**

| 账户名称 | 年初余额 | | 期末余额 | |
|---|---|---|---|---|
| | 借方 | 贷方 | 借方 | 贷方 |
| 1. 库存现金 | 2 480 | | 2 600 | |
| 2. 银行存款 | 143 500 | | 165 000 | |
| 3. 其他货币资金 | 110 000 | | 100 000 | |
| 4. 交易性金融资产 | 5 000 | | 12 000 | |
| 5. 应收票据 | 4 800 | | 8 000 | |
| 6. 应收账款 | 36 000 | | 52 000 | |
| 7. 坏账准备 | | 3 500 | | 4 600 |
| 8. 其他应收款 | 4 200 | | 5 800 | |
| 9. 生产成本 | 98 400 | | 112 000 | |
| 10. 材料采购 | 1200 | | 5 000 | |
| 11. 原材料 | 146 000 | | 158 000 | |
| 12. 低值易耗品 | 1 650 | | 2 400 | |
| 13. 库存商品 | 33 760 | | 39 800 | |
| 14. 长期股权投资 | 6 300 | | 10 000 | |
| 15. 固定资产(原值) | 438 000 | | 465 000 | |
| 16. 累计折旧 | | 82 000 | | 85 000 |
| 17. 无形资产 | 26 750 | | 27 000 | |
| 18. 短期借款 | | 45 000 | | 48 000 |
| 19. 应付票据 | | 4 000 | | 6 000 |
| 20. 应付账款 | | 30 000 | | 32 000 |
| 21. 其他应付款 | | 4 600 | | 5 200 |
| 22. 应付职工薪酬 | | 75 000 | | 76 000 |
| 23. 应交税费 | | 15 200 | | 16 100 |
| 24. 应付股利 | | 10 200 | | 15 000 |
| 25. 应付利息 | | 6 400 | | 6 000 |
| 26. 长期借款 | | 83 000 | | 90 000 |
| 27. 实收资本 | | 551 640 | | 609 700 |
| 28. 资本公积 | | 83 500 | | 96 000 |
| 29. 盈余公积 | | 45 000 | | 47 000 |
| 30. 利润分配 | | 19 000 | | 28 000 |
| 合计 | 1 058 040 | 1 058 040 | 1 164 600 | 1 164 600 |

## 实训二　编制利润表

【实训目标】

本实训使学生掌握利润表的结构、内容和编制方法。

【实训步骤】

1. 整理、审核编制利润表的资料来源(见实训资料)。
2. 根据实训资料按规定方法填写表中各项目,编制利润表底表。
3. 对利润表底表进行审查后,编制正式利润表。

【实训用具】

"利润表"2张。

【实训资料】

寰宇厂××××年10月31日损益类账户发生额(结账前)及1~9月份累计发生额如表11-2所示。

表11-2

### 损益类账户发生额及1~9月份累计发生额

| 账户名称 | 1~9月累计发生额 | | 本月发生额 | |
| --- | --- | --- | --- | --- |
| | 借方 | 贷方 | 借方 | 贷方 |
| 主营业务收入 | | 850 000 | | 92 000 |
| 主营业务成本 | 560 000 | | 58 000 | |
| 销售费用 | 18 000 | | 1 500 | |
| 营业税金及附加 | 42 000 | | 4 000 | |
| 管理费用 | 19 000 | | 1 800 | |
| 财务费用 | 6 000 | | 800 | |
| 其他业务收入 | | 35 000 | | 4 200 |
| 其他业务成本 | 16 000 | | 1 600 | |
| 投资收益 | | 3 000 | | 340 |
| 营业外收入 | | 8 600 | | 1 200 |
| 营业外支出 | 2 800 | | 500 | |

# 第十二章 会计档案和会计工作组织

## 习题

### 一、单项选择题

1. 下列会计资料中,不属于会计档案的是( )。
   A. 记账凭证　　　　　　　　　　B. 会计档案移交清册
   C. 年度财务计划　　　　　　　　D. 银行对账单
2. 会计档案是指记录和反映经济业务事项的重要( )。
   A. 凭证　　　　　　　　　　　　B. 资料和依据
   C. 史料和证据　　　　　　　　　D. 材料
3. 企业年度财务报告的保管期限为( )。
   A. 5 年　　　　　　　　　　　　B. 15 年
   C. 25 年　　　　　　　　　　　　D. 永久
4. 各种会计档案的保管期限分为永久和定期两类。定期保管期限分为( )。
   A. 3 年、10 年、20 年、30 年、40 年 5 种　B. 1 年、5 年、10 年、15 年、20 年 5 种
   C. 3 年、5 年、10 年、15 年、20 年 5 种　D. 3 年、5 年、10 年、15 年、25 年 5 种
5. 下列会计档案中,需要保管 25 年的是( )。
   A. 银行存款总账　　　　　　　　B. 银行存款日记账
   C. 汇总凭证　　　　　　　　　　D. 辅助账簿
6. 外单位如果因特殊原因需要使用会计档案时,经本单位负责人批准( )。
   A. 可以借阅　　　　　　　　　　B. 只可查阅不能复制
   C. 不可查阅或复制　　　　　　　D. 可以查阅或复制

### 二、多项选择题

1. 下列属于会计档案的有( )。
   A. 原始凭证　　　　　　　　　　B. 总分类账
   C. 资产负债表　　　　　　　　　D. 会计保管清册
2. 下列会计档案中,需要永久保管的有( )。
   A. 会计移交清册　　　　　　　　B. 会计档案保管清册
   C. 现金和银行存款日记账　　　　D. 财政总预算
3. 保管期限为 3 年的会计档案有( )。
   A. 企业月度财务报告　　　　　　B. 企业季度财务报告
   C. 行政单位月度报表　　　　　　D. 财政总预算会计旬报

4. 会计档案的保管期限分为（　　）。
   A. 永久　　　　　　　　　　B. 定期
   C. 临时　　　　　　　　　　D. 短期
5. 按照会计档案管理办法的规定，保管期限为15年的有（　　）。
   A. 原始凭证　　　　　　　　B. 记账凭证
   C. 银行对账单　　　　　　　D. 汇总凭证

### 三、判断题

1. 会计档案的保管期限分为永久保定和定期保管两种。期中定期保管又分为3年、5年、10年、15年和25年。（　　）
2. 本单位的会计档案机构为方便保管会计档案，可以根据需要对其拆封整理。（　　）
3. 会计账簿类会计档案的保管期限均为15年。（　　）
4. 企业和其他组织的银行存款余额调节表、银行对账单保管期限为3年。（　　）
5. 企业会计账簿中的总账应当保管15年。（　　）
6. 企业年度会计决算（包括文字分析）保管期限为永久。（　　）

注：本章无实训。

# 第二篇

# 综合实训

# 综合实训

# 科目汇总表账务处理程序

（本实训资料也适用于记账凭证账务处理程序实训，具体操作步骤参照教材相关内容并在教师指导下进行）

## 【实训目标】

本实训使学生掌握科目汇总表账务处理程序的基本特点和技能。

## 【实训步骤】

第一步：建账。

根据资料（一）开设下列各种账簿：

1. 总账；
2. 现金日记账、银行存款日记账；
3. 应收账款、其他应收款、其他应付款、原材料、库存商品、生产成本等6个具有代表性明细账（其他明细账略）。

本步骤具体要求是：开设账簿时应先填写账簿启用和经管人员一览表；现金、银行存款日记账采用三栏式订本式账簿；总账和应收应付款明细账采用金额三栏式活页账簿；原材料、库存商品明细账采用数量金额三栏式活页账簿，生产成本明细账采用多栏式活页账簿。各种活页账簿均应编写页码。

第二步：审核和编制会计凭证。

1. 根据平安厂发生的经济业务，审核原始凭证，并将审核无误的原始凭证裁剪下来。
2. 根据审核无误的原始凭证编制记账凭证，同时将裁剪下来的原始凭证附在有关记账凭证后面。
3. 按经济业务顺序对编制的记账凭证编号，并按顺序整理好记账凭证。

本步骤具体要求是：记账凭证采用收款凭证、付款凭证、转账凭证（也可以采用通用记账凭证）；用蓝黑墨水笔按规定要求填写；如发生错误，应按规定方法进行更正；认真审核各记账凭证中应借应贷的科目和金额是否正确，所附原始凭证的张数和记账凭证上记录的张数是否相符，记账凭证编号是否正确等。

第三步：登记日记账、明细账和总账。

1. 根据审核后的收款凭证、付款凭证登记现金日记账和银行存款日记账。
2. 根据记账凭证和有关原始凭证登记明细账。
3. 每10天汇总记账凭证一次，编制科目，每月分3次汇总；
4. 根据科目汇总表登记总账。

5. 月末总账与日记账及有关明细账进行核对,并进行结账工作。

6. 编制发生额及余额试算平衡表。

本步骤具体要求是:用蓝黑墨水笔登记账簿,书写工整,如发生错误,应按正确的方法进行更正;各种账簿均应按事先编写的页码逐页逐行连续登记,不得隔页、跳行;现金日记账、银行存款日记账每天结出余额;十天汇总一次登记总账;各账户结出余额后,应在"借或贷"栏内写明"借"或"贷"字样;月末结账后画出通栏红线,并结转下期。

第四步:编制会计报表。

1. 根据总账及明细账编制的试算平衡表编制"资产负债表"(年初数略)。

2. 根据××××年 1~3 月末损益类账户累计发生额及 4 月份损益类账户的发生额编制"利润表"。

本步骤具体要求是:报表编制后应认真进行审核,填列报表封面,加盖公章。

附 平安厂××××年 1~3 月有关损益类账户累计发生额如表 1 所示。

表1

**平安厂××××年 1~3 月损益类账户累计发生额**

单位:元

| 账 户 名 称 | 借方累计发生额 | 贷方累计发生额 |
| --- | --- | --- |
| 主营业务收入 |  | 615 000.00 |
| 主营业务成本 | 435 000.00 |  |
| 销售费用 | 28 000.00 |  |
| 营业税金及附加 | 61 200.00 |  |
| 其他业务收入 |  | 30 000.00 |
| 其他业务成本 | 26 000.00 |  |
| 管理费用 | 25 000.00 |  |
| 财务费用 | 2 415.00 |  |
| 营业外收入 |  | 34 000.00 |
| 营业外支出 | 4 000.00 |  |
| 所得税费用 | 32 137.05 |  |

第五步:整理会计资料。

1. 按规定将凭证折叠整齐,填写好凭证封面,将会计凭证装订成册。

2. 将会计报表按资产负债表、利润表的顺序加封面装订成册。

本步骤具体要求是:凭证整理符合规范、封面内容填写齐全,装订成册的凭证、报表整齐、清洁。

【实训用具】

1. 通用记账凭证 60 张;科目汇总表 3~6 张。
2. 总分类账簿 1 本(采用活页式账簿的每人 25~30 页);现金、银行存款日记账;其他明细账金额三栏式账页 10~12 页;数量式账页 5~7 页;多栏式账页 2 页。
3. 资产负债表、利润表各 1 张。
4. 复写纸、直尺、小刀、大头针、回形针、夹子、锥子、装订线等物品。

【实训时间】

20 课时。

【实训资料】

资料(一)  平安厂属一般纳税人,××××年 3 月末总账和明细账资料如表 2、表 3、表 4 所示。

表 2

**总账及有关明细账资料**

单位:元

| 账户名称 | 借方余额 | | 贷方余额 | |
|---|---|---|---|---|
| | 总账 | 明细账 | 总账 | 明细账 |
| 库存现金 | 500.00 | | | |
| 银行存款 | 111 900.00 | | | |
| 应收账款 | 120 000.00 | | | |
| 　光明厂 | | 68 000.00 | | |
| 　华达厂 | | 52 000.00 | | |
| 其他应收款 | 1 600.00 | | | |
| 　王林 | | 600.00 | | |
| 　李军 | | 1 000.00 | | |
| 材料采购 | 10 000.00 | | | |
| 原材料 | 65 000.00 | | | |
| 库存商品 | 58 400.00 | | | |
| 固定资产 | 2 200 000.00 | | | |
| 累计折旧 | | | 400 000.00 | |
| 待处理财产损溢 | 400.00 | | | |
| 短期借款 | | | 80 000.00 | |
| 应付账款 | | | 50 000.00 | |
| 　湘华厂 | | | | 30 000.00 |

(续表)

| 账户名称 | 借方余额 | | 贷方余额 | |
|---|---|---|---|---|
| | 总账 | 明细账 | 总账 | 明细账 |
| 长兴厂 | | | | 20 000.00 |
| 其他应付款 | | | 800.00 | |
| 　工会 | | | | 800.00 |
| 应付职工薪酬 | | | 2 000.00 | |
| 应交税费 | | | 17 500.00 | |
| 　应交增值税 | | | | 5 000.00 |
| 　（销项税额） | | | | 11 000.00 |
| 　（进项税额） | | 6 000.00 | | |
| 　应交城建税 | | | | 350.00 |
| 　应交所得税 | | | | 12 000.00 |
| 　应交教育费附加 | | | | 150.00 |
| 应付利息 | | | 2 500.00 | |
| 长期借款 | | | 200 000.00 | |
| 　其中：一年内到期借款 | | | | 80 000.00 |
| 实收资本 | | | 1 650 000.00 | |
| 资本公积 | | | 50 000.00 | |
| 盈余公积 | | | 90 000.00 | |
| 本年利润 | | | 105 000.00 | |
| 利润分配 | 80 000.00 | | | |
| 合　计 | 2 647 800.00 | | 2 647 800.00 | |

表3

**原材料明细账资料**

金额单位：元

| 品　名 | 单　位 | 数　量 | 单位成本 | 金　额 |
|---|---|---|---|---|
| 甲材料 | 千克 | 4 000 | 5.00 | 20 000.00 |
| 乙材料 | 千克 | 3 000 | 10.00 | 30 000.00 |
| 丙材料 | 千克 | 500 | 30.00 | 15 000.00 |
| 合　计 | | 7 500 | | 65 000.00 |

表4

**库存商品明细账资料**

金额单位：元

| 品 名 | 单 位 | 数 量 | 单位成本 | 金 额 |
|---|---|---|---|---|
| 01# | 件 | 1 500 | 26.00 | 39 000.00 |
| 02# | 件 | 500 | 38.80 | 19 400.00 |
| 合 计 | | 2 000 | | 58 400.00 |

资料（二） 平安厂××××年4月份发生下列经济业务：

（1）2日，从银行提取现金800元备用（见原始凭证1）。

（2）2日，从新华厂购进甲材料8 000千克，发票注明原材料价款40 000元，增值税额6 800元，材料验收入库，货款及税款以转账支票支付（见原始凭证2、3、4）。

（3）2日，采购员李军出差归来，报销差旅费780元，收回现金220元（见原始凭证5、6）。

（4）3日，上月采购的乙材料1 000千克，验收入库，按实际成本10 000元入账（见原始凭证7）。

（5）4日，销售给宏达公司01#产品800件，每件36元，02#产品300件，每件50元，共计货款43 800元，增值税额7 446元，货款和税款存入银行（见原始凭证8、9）。

（6）4日，仓库发出材料：生产01#产品领用甲材料2 500千克，实际成本12 500元，领用乙材料1 200千克，实际成本12 000元；生产02#产品领用甲材料1 600千克，实际成本8 000元，领用乙材料1 000千克，实际成本10 000元，车间耗用丙材料120千克，实际成本3 600元（见原始凭证10）。

（7）5日，收到光明厂还来货款48 000元存入银行（见原始凭证11）。

（8）6日，行政管理部门领用丙材料100千克，实际成本3 000元（见原始凭证12）。

（9）8日，华达厂还来货款32 000元，存入银行（见原始凭证13）。

（10）9日，将提取的工会经费拨交工会（见原始凭证14）。

（11）10日，开出税务缴款书，上交增值税、城建税、所得税及教育费附加（见原始凭证15、16、17、18）。

（12）10日，填制信汇委托书，汇出货款30 000元归还前欠湘华厂货款（见原始凭证19）。

（13）11日，开出现金支票，提取现金30 000元并发放工资（见原始凭证20）。

（14）12日，报销职工医药费480元，以现金支付（见原始凭证21、22）。

（15）13日，销售01#产品700件，每件36元，增值税额4 284元，收到支票存入银行（见原始凭证23、24）。

（16）14日，从曙光厂购进乙材料5 000千克，计货款49 000元，运费1 000元，增值税额8 330元，材料验收入库，货款未付（见原始凭证25、26、27）。

（17）15日，以银行存款支付修理费6 000元，其中车间修理费4 000元，管理部门修理费2 000元（见原始凭证28、29、30）。

（18）17日，销售给长兴厂02#产品800件，每件50元，01#产品500件，每件36元，共计货款58 000元，增值税额9 860元，货款税款委托银行办理托收（见原始凭证31、32）。

（19）18日，以银行存款支付管理部门办公费256元（见原始凭证33、34）。

(20) 19日,以银行存款支付产品广告费2 600元(见原始凭证35、36)。

(21) 20日,生产01#产品领用甲材料2 200千克,实际成本11 000元,领用乙材料1 000千克,实际成本10 000元,车间一般耗用丙材料100千克,实际成本3 000元(见原始凭证37)。

(22) 21日,银行转来湘华厂托收凭证,购入甲材料1 000千克,单价4.70元,购入丙材料500千克,单价29.70元,增值税额3 323.50元,两种材料共计支付运费450元,货款及运费全部承付,费用按重量比例分配(见原始凭证38、39、40、41)。

(23) 22日,报销汽油费1 200元,以转账支票支付(见原始凭证42、43)。

(24) 23日,仓库报来收料单,从湘华厂购入的甲材料1 000千克,丙材料500千克验收入库(见原始凭证44)。

(25) 24日,在销售过程中为包装产品领用丙材料12千克,实际成本360元,管理部门维修领用丙材料30千克,实际成本900元(见原始凭证45)。

(26) 25日,以银行存款支付电费6 000元,其中生产用电5 200元,照明用电800元(见原始凭证46、47、48)。

(27) 26日,仓库盘点,乙材料盘亏150千克,原因待查(见原始凭证49)。

(28) 27日,以银行存款购入计算机2台,价值10 000元,增值税额1 700元,验收交付使用(见原始凭证50、51、52)。

(29) 30日,分配结转本月工资总额30 000元,其中01#产品生产工人工资12 000元,02#产品生产工人工资10 000元,车间管理人员工资2 500元,行政管理人员工资5 500元(见原始凭证53)。

(30) 30日,按工资总额14%计提福利费(见原始凭证54)。

(31) 30日,以银行存款支付本月应由管理部门负担的房租350元,应由车间负担的房租500元$\left(见原始凭证55\frac{1}{3}、55\frac{2}{3}、55\frac{3}{3}\right)$。

(32) 30日,计提本月固定资产折旧费9 020元,其中车间固定资产折旧费6 970元,管理部门固定资产折旧费2 050元(见原始凭证56)。

(33) 30日,预提短期借款利息600元(见原始凭证57)。

(34) 30日,分配结转制造费用,按工时分配,01#产品3 000小时,02#产品1 500小时(见原始凭证58)。

(35) 30日,结转本月完工产品实际生产成本,01#产品3 000件,02#产品1 050件,均已验收入库(见原始凭证59、60)。

(36) 30日,结转本月产品销售成本。本月销售01#产品2 000件,02#产品1 100件(见原始凭证61)。

(37) 30日,按规定比例7%计提本月应交城建税,3%计提应交教育费附加(见原始凭证62)。

(38) 30日,上月待处理短缺的甲材料400元,现已查明原因,系管理不善造成,经批准计入管理费用(见原始凭证63)。

(39) 30日,将本月损益账户余额结转"本年利润"账户(见原始凭证64)。

(40) 30日,按利润总额的25%计提应交所得税(见原始凭证65)。

(41) 30日,分别按净利润的10%、50%计提法定盈余公积和分配投资者利润(见原始凭证66)。

**原始凭证 1**

### 中国工商银行
### 现金支票存根

湘 ZI 2114879

附加信息
_____
_____
_____

出票日期 ××××年4月2日

| 收款人： | 刘 明 |
|---|---|
| 金　额： | ¥800.00 |
| 用　途： | 备用金 |

单位主管 张 新　　会计 李 早

---

**原始凭证 2**

## ××省增值税专用发票

### 发 票 联　　　　№ 0086821

开票日期：××××年4月2日

| 购货单位 | 名称： | 平安厂 | | | | | | |
|---|---|---|---|---|---|---|---|---|
| | 纳税人识别号： | ×××××××××01536 | | | | | | |
| | 地址、电话： | B市××路××号 8315958 | | | | | | |
| | 开户行及账号： | B市工行 6001002845 | | | | | | |

| 货物或应税劳务名称 | 规格型号 | 单位 | 数量 | 单价 | 金额 | 税率 | 税额 |
|---|---|---|---|---|---|---|---|
| 甲材料 | | 千克 | 8 000 | 5.00 | 40 000 | 17% | 6 800 |
| 合　计 | | | | | 40 000 | | 6 800 |

价税合计（大写）　肆万陆仟捌佰零拾零角零分　　　（小写）¥46 800.00

| 销货单位 | 名称： | 新华厂 |
|---|---|---|
| | 纳税人识别号： | ××××××××02568 |
| | 地址、电话： | B市××路××号 8215956 |
| | 开户行及账号： | B市工行 4002007690 |

收款人：　　复核：　　开票人：　　销货单位：（章）　新华厂发票专用章

第二联：发票联　购货方记账凭证

**原始凭证 3**

## 收 料 单

供货单位：新华厂　　　　　　　　　　　　　　　　　　　　　编号：1011
　　　　　　　　　　　　　　　　　　　　　　　　　　　　　　　仓库：本厂
发票号码：0086821　　　　　××××年4月2日　　　　　　　金额单位：元

| 材料编号 | 材料名称 | 规格 | 计量单位 | 数量 应收 | 数量 实收 | 实际价格 单价 | 实际价格 发票金额 | 实际价格 运杂费用 | 实际价格 合计 | 备注 |
|---|---|---|---|---|---|---|---|---|---|---|
| 01 | 甲材料 |  | 千克 | 8 000 | 8 000 | 5.00 | 40 000 | / | 40 000 |  |
|  |  |  |  |  |  |  |  |  |  |  |
|  |  |  |  |  |  |  |  |  |  |  |

| 质量检验记录 | 制造日期 | 合格证号 | 技术条件 | 质量状况 | 检查结论 |
|---|---|---|---|---|---|
|  | ××××年2月 | 甲0015 |  | 优 | 同意入库 |

采购人：　　　　　　检验员：　　　　　　记账员：　　　　　　保管员：王平

---

**原始凭证 4**

## 中国工商银行
## 转账支票存根

湘ZI　1125247

附加信息
_____
_____
_____

出票日期 ××××年4月2日

收款人：新华厂
金　额：￥46 800.00
用　途：购甲材料

单位主管 张新　　会计 李早

原始凭证 5

## 差旅费报销单

部门：　　　　　　填报日期：××××年4月2日　　　　　第　页
　　　　　　　　　　　　　　　　　　　　　　　　　　共　页

| 姓名 | 李军 | 出差事由 | 采购材料 | 出差日期 | 自××××年3月22日至××××年4月1日共11天 |||||||||
|---|---|---|---|---|---|---|---|---|---|---|---|---|---|
| 起讫时间及地点 |||||车船费||夜间乘车补贴|||出差补贴|||住宿费|其他||
| 月 | 日 | 起 | 月 | 日 | 讫 | 类别 | 金额 | 时间 | 标准 | 金额 | 日数 | 标准 | 金额 | 金额 | 摘要 | 金额 |
| 3 | 22 | B市 | 3 | 22 | A市 | 火车 | 78 |  |  |  | 11 | 12 | 132 | 360 |  | 132 |
| 4 | 1 | A市 | 4 | 1 | B市 | 火车 | 78 |  |  |  |  |  |  |  |  |  |
|  |  |  |  |  |  |  |  |  |  |  |  |  |  |  |  |  |
|  |  |  |  |  |  |  | 156 |  |  |  |  |  | 132 | 360 |  | 132 |

总计金额：柒佰捌拾元整　　　预支1 000元核销780元退220元

主管：　　　　　　审核：　　　　　　　　填报人：李军

---

原始凭证 6

## 收 款 收 据

××××年4月2日　　　　　　　　　　　　　编号：002456

| 交款单位(或个人)：李军 ||||
|---|---|---|---|
| 摘要：退回余差旅费 ||||
| 人民币：贰佰贰拾元整 ||| ￥220.00 |
| 收款单位（盖章） | 平安厂 财务专用章 | 备　注 | 现金收讫 |

收款：刘明

原始凭证7

## 收 料 单

供货单位：新华厂

发票号码：

编号：1012
仓库：本厂
××××年4月3日
金额单位：元

| 材料编号 | 材料名称 | 规格 | 计量单位 | 数量 | | 实际价格 | | | | 备注 |
|---|---|---|---|---|---|---|---|---|---|---|
| | | | | 应收 | 实收 | 单价 | 发票金额 | 运杂费用 | 合计 | |
| 02 | 乙材料 | | 千克 | 1 000 | 1 000 | 10 | 10 000 | / | 10 000 | |

| 质量检验记录 | 制造日期 | 合格证号 | 技术条件 | 质量状况 | 检查结论 |
|---|---|---|---|---|---|
| | ××××年3月 | 乙0015 | | 优 | 同意入库 |

采购人： 　　检验员： 　　记账员： 　　保管员：王平

---

原始凭证8

## ××省增值税专用发票

记 账 联　　　　№ 00063275

开票日期：××××年4月3日

| 购货单位 | 名称：宏达公司 | | | | | | | 密码区 | |
|---|---|---|---|---|---|---|---|---|---|
| | 纳税人识别号：××××××××× 02586 | | | | | | | | |
| | 地址、电话：B市××路××号 8217988 | | | | | | | | |
| | 开户行及账号：B农行 3002001463 | | | | | | | | |

| 货物或应税劳务名称 | 规格型号 | 单位 | 数量 | 单价 | 金额 | 税率 | 税额 |
|---|---|---|---|---|---|---|---|
| 01#产品 | | 件 | 800 | 36 | 28 800 | 17% | 4 896 |
| 02#产品 | | 件 | 300 | 50 | 15 000 | 17% | 2 550 |
| 合计 | | | | | 43 800 | | 7 446 |
| 价税合计（大写） | 伍万壹仟贰佰肆拾陆元零角零分 | | | | （小写）￥51 246.00 | | |

| 销货单位 | 名称：平安厂 | | 备注 |
|---|---|---|---|
| | 纳税人识别号：××××××××× 01536 | | |
| | 地址、电话：B市××路××号 8315958 | | |
| | 开户行及账号：B市工行 6001002845 | | 平安厂发票专用章 |

收款人：　　复核：　　开票人：　　销货单位：（章）

第四联：记账联 销货方记账凭证

原始凭证 9

## 中国工商银行进账单（回单或收账通知）

填送日期：××××年 4 月 3 日　　　第 3 号

| 收款人 | 全称 | 平安厂 | 出票人 | 全称 | 宏达公司 |
|---|---|---|---|---|---|
| | 账号 | 6001002845 | | 账号 | 3002001463 |
| | 开户银行 | B市支行 | | 开户银行 | B市支行 |

人民币（大写）：伍万壹仟贰佰肆拾陆元整　　¥ 51 246 00

票据种类：转支
票据张数：1

单位主管　　会计　　复核　　记账

中国工商银行
B市支行业务专用章
收款人开户行盖章

交此联是收款人收款的收账通知
收款人开户银行

---

原始凭证 10

## 平安厂发出材料汇总表

××××年 4 月 4 日　　　　　　　　　　单位：元

| 领料部门及用途 | 甲材料 | | | 乙材料 | | | 丙材料 | | | 原材料合计 |
|---|---|---|---|---|---|---|---|---|---|---|
| | 数量 | 单价 | 金额 | 数量 | 单价 | 金额 | 数量 | 单价 | 金额 | |
| 基本生产 | | | | | | | | | | |
| 01#产品 | 2 500 | 5.00 | 12 500 | 1 200 | 10.00 | 12 000 | | | | 24 500 |
| 02#产品 | 1 600 | 5.00 | 8 000 | 1 000 | 10.00 | 1 000 | | | | 18 000 |
| 一般耗用 | | | | | | | 120 | 30.00 | 3 600 | 3 600 |
| 管理部门 | | | | | | | | | | |
| 销售产品 | | | | | | | | | | |
| 合计 | 4 100 | | 20 500 | 2 200 | | 22 000 | 120 | | 3 600 | 46 100 |

原始凭证 11

## 中国工商银行信汇凭证（收账通知）

委托日期：××××年4月2日　　　　　　　　第102号

| 收款人 | 全称 | 平安厂 | 出票人 | 全称 | 光明厂 |
| --- | --- | --- | --- | --- | --- |
| | 账号 | 6001002845 | | 账号 | 4002003584 |
| | 开户银行 | B市支行 | | 开户银行 | H市支行 |

人民币（大写）　肆万捌仟元整　　　￥48 000 00

汇款用途　归还货款

开户单位

汇入银行盖章　中国工商银行B市支行业务专用章

（此栏略）　　汇到日期 4月4日

第四联：单位收款项的收妥收账给通知款

---

原始凭证 12

## 平安厂发出材料汇总表

××××年4月6日　　　　　　　　　　　　单位：元

| 领料部门及用途 | 甲材料 | | | 乙材料 | | | 丙材料 | | | 原材料 |
| --- | --- | --- | --- | --- | --- | --- | --- | --- | --- | --- |
| | 数量 | 单价 | 金额 | 数量 | 单价 | 金额 | 数量 | 单价 | 金额 | 合计 |
| 基本生产 | | | | | | | | | | |
| 一般耗用 | | | | | | | | | | |
| 管理部门 | | | | | | | 100 | 30.00 | 3 000 | 3 000 |
| 销售产品 | | | | | | | | | | |
| 合　计 | | | | | | | 100 | | 3 000 | 3 000 |

原始凭证 13

## 中国工商银行进账单（收账通知）

填制日期：××××年 4 月 8 日　　　　　　第　号

| 收款人 | 全称 | 平安厂 | | 付款人 | 全称 | 光明厂 |
|---|---|---|---|---|---|---|
| | 账号 | 6001002845 | | | 账号 | 5004003256 |
| | 开户银行 | B 市支行 | | | 开户银行 | C 市工行 |

| 人民币（大写） | 叁万贰仟元整 | 千 百 十 万 千 百 十 元 角 分 |
|---|---|---|
| | | ￥ 　 　 3 2 0 0 0 0 0 |

| | 汇款用途 | 归还货款 | | |
|---|---|---|---|---|
| 开户单位 | 中国工商银行 B 市支行业务专用章 | （此栏略） | 汇到日期 4 月 7 日 |
| 汇入银行盖章 | | | |

第四联：款项收妥给收款人单位的收账通知

---

原始凭证 14

## 中国工商银行进账单（回单或收账通知）

填报日期：××××年 4 月 8 日　　　　　　第　号

| 付款人 | 所属月份 | 上月职工人数 | 上月工资总额 | 基层工会 60%金额 | 全称 | 平安厂工会 |
|---|---|---|---|---|---|---|
| | | | | | 账号 | 6001002846 |
| | | | | | 开户银行 | B 市支行 |
| | | | | 收款人 | 十万 千 百 十 元 角 分 | ￥ 　 4 8 0 0 0 |
| | 全称 | 平安厂 | | 上级工会 40% | 全称 | 平安厂工会 |
| | 账号 | 6001002845 | | | 账号 | 3004005956 |
| | 开户银行 | B 市支行 | | | 开户银行 | 分理处 |
| | 100%金额 | 十万 千 百 十 元 角 分 ￥ 8 0 0 0 0 | | | 十万 千 百 十 元 角 分 | ￥ 　 　 3 2 0 0 0 |

| 人民币（付款金额大写）：捌佰元整 | |
|---|---|
| | 收款人开户盖章 |
| 单位主管：　　会计：　　复核：　　记账： | 中国工商银行 B 市支行业务专用章 |

原始凭证 15

## 中华人民共和国税收缴款书

长 A 字：
隶属关系：**高级**
经济类型：**国有**

收入机关：**税务局**　　填发日期：××××年 **4** 月 **10** 日

| 预算科目 | 款 | 增值税 | | 缴款单位 | 代　码 | 103564328 |
|---|---|---|---|---|---|---|
| | 项 | 一般增值税 | | | 全　称 | 市平安厂 |
| | 级次 | 中央 75% | 市级 25% | | 开户银行 | B市工行 |
| | 收款国库 | 总金库 | 市金库 | | 账　号 | 6001002845 |

税款所属时间 ××××年 **3** 月　日　　税款限缴日期 ××××年 **4** 月 **10** 日

| 品目名称 | 课税数量 | 计税金额或销售收入 | 应缴税额 | 已缴或扣除额 | 千 | 百 | 十 | 万 | 千 | 百 | 十 | 元 | 角 | 分 |
|---|---|---|---|---|---|---|---|---|---|---|---|---|---|---|
| 增值税 | | | 5 000 | | | | | ¥ | 5 | 0 | 0 | 0 | 0 | 0 |
| 金额合计 | （大写）伍仟元整 | | | | | | | ¥ | 5 | 0 | 0 | 0 | 0 | 0 |

缴款单位（人）（盖章）　　税务机关（盖章）　　上列款项已收妥并划转收款单位账户　　备注　　**中国工商银行 B市支行业务专用章**
经办人（章）　　分局填票人（单）　　国库（银行）盖章　　年 月 日

逾期不缴按税法规定回收滞纳金

---

原始凭证 16

## 中华人民共和国税收缴款书

长 A 字：
隶属关系：**高级**
经济类型：**国有**

收入机关：**税务局**　　填发日期：××××年 **4** 月 **10** 日

| 预算科目 | 款 | 所得税 | | 缴款单位 | 代　码 | 103564328 |
|---|---|---|---|---|---|---|
| | 项 | | | | 全　称 | 市平安厂 |
| | 级次 | % | % | | 开户银行 | B市支行 |
| | 收款国库 | | | | 账　号 | 6001002845 |

税款所属时间 ××××年 **3** 月　日　　税款限缴日期 ××××年 **4** 月 **10** 日

| 品目名称 | 课税数量 | 计税金额或销售收入 | 税率或单位税额 | 应缴税额 | 已缴或扣除额 | 千 | 百 | 十 | 万 | 千 | 百 | 十 | 元 | 角 | 分 |
|---|---|---|---|---|---|---|---|---|---|---|---|---|---|---|---|
| 所得税 | | 36 363.46 | 33% | 12 000 | | | | | ¥ | 1 | 2 | 0 | 0 | 0 | 0 | 0 |
| 金额合计 | （大写）壹万贰仟元整 | | | | | | | | | | | | | | | |

缴款单位（人）（盖章）　　税务机关（盖章）　　上列款项已收妥并划转收款单位账户　　备注　　**中国工商银行 B市支行业务专用章**
经办人（章）　　分局填票人（单）　　国库（银行）盖章　　年 月 日

逾期不缴按税法规定回收滞纳金

原始凭证 17

## 中华人民共和国税收缴款书

长 A 字：
隶属关系：高级
经济类型：国有

收入机关：税务局　　　填发日期：××××年 4 月 10 日

| 预算科目 | 款 | 城建税 | | | 缴款单位 | 代　码 | 103564328 |
|---|---|---|---|---|---|---|---|
| | 项 | | | | | 全　称 | 市平安厂 |
| | 级次 | | % | % | | 开户银行 | B 市支行 |
| | 收款国库 | | | | | 账　号 | 6001002845 |

税款所属时间 ××××年 3 月　日　　　税款限缴日期 ××××年 4 月 10 日

| 品目名称 | 课税数量 | 计税金额或销售收入 | 应缴税额 | 已缴或扣除额 | 千 | 百 | 十 | 万 | 千 | 百 | 十 | 元 | 角 | 分 |
|---|---|---|---|---|---|---|---|---|---|---|---|---|---|---|
| 城建税 | | | | | | | | ¥ | | 3 | 5 | 0 | 0 | 0 |
| 金额合计 | （大写）叁佰伍拾元整 | | | | | | | ¥ | | 3 | 5 | 0 | 0 | 0 |

| 缴款单位（人）（盖章） | 税务机关（盖章） | 上列款项已收妥并划转收款单位账户 国库（银行）盖章 年　月　日 | 备注 | 中国工商银行 B 市支行业务专用章 |
|---|---|---|---|---|
| 经办人（章） | 分局填票人（单） | | | |

逾期不缴按税法规定回收滞纳金

原始凭证 18

## 中华人民共和国税收缴款书

长 A 字：
隶属关系：高级
经济类型：国有

收入机关：税务局　　　填发日期：××××年 4 月 10 日

| 预算科目 | 款 | 教育费附加 | | | 缴款单位 | 代　码 | 103564328 |
|---|---|---|---|---|---|---|---|
| | 项 | | | | | 全　称 | 市平安厂 |
| | 级次 | | % | % | | 开户银行 | B 市支行 |
| | 收款国库 | | | | | 账　号 | 6001002845 |

税款所属时间 ××××年 3 月　日　　　税款限缴日期 ××××年 4 月 10 日

| 品目名称 | 课税数量 | 计税金额或销售收入 | 应缴税额 | 已缴或扣除额 | 千 | 百 | 十 | 万 | 千 | 百 | 十 | 元 | 角 | 分 |
|---|---|---|---|---|---|---|---|---|---|---|---|---|---|---|
| 教育费附加 | | | | | | | | ¥ | | 1 | 5 | 0 | 0 | 0 |
| 金额合计 | （大写）壹佰伍拾元整 | | | | | | | ¥ | | 1 | 5 | 0 | 0 | 0 |

| 缴款单位（人）（盖章） | 税务机关（盖章） | 上列款项已收妥并划转收款单位账户 国库（银行）盖章 年　月　日 | 备注 | 中国工商银行 B 市支行业务专用章 |
|---|---|---|---|---|
| 经办人（章） | 分局填票人（单） | | | |

逾期不缴按税法规定回收滞纳金

原始凭证 19

## 中国工商银行信汇凭证（回　单）

委托日期：××××年 4 月 10 日　　　　　第 203 号

| 收款人 | 全　称 | 湘华厂 | 出票人 | 全　称 | 平安厂 |
|---|---|---|---|---|---|
| | 账　号 | 3002005671 | | 账　号 | 6001002845 |
| | 开户银行 | E市支行 | | 开户银行 | B市支行 |

| 人民币（大写） | 叁万元整 | 千百十万千百十元角分 ¥ 3 0 0 0 0 0 0 |
|---|---|---|

| 汇款用途 | 归还货款 |
|---|---|

| 开户单位 汇入银行盖章 | 中国工商银行 B市支行业务专用章 | （此栏略） | 汇到日期 4 月 12 日 |
|---|---|---|---|

第一联：付款单位支款凭证

---

原始凭证 20

### 中国工商银行
### 现金支票存根

湘 ZI　2115799

附加信息
_____
_____
_____

出票日期 ××××年 4 月 11 日

| 收款人： | 刘　明 |
|---|---|
| 金　额： | ¥ 30 000.00 |
| 用　途： | 发放本月职工工资 |

单位主管 张　新　　会计 李　早

原始凭证 21

## 平安厂现金付讫凭单

××××年4月12日　　　　　　　　　　第10号

| 付款内容 | 张宏报销医药费 | | 现金付讫 |
|---|---|---|---|
| 金额(大写) | 零万零仟肆佰捌拾零元零角零分 | | ￥480.00 |
| 备注： | | | |

主管：　　　复核：　　　批准部门：　　　收款人签名：张宏

附件一张

---

原始凭证 22

## B市第一医院门诊发票

姓名：张宏　　　　　　　发　票　联　　　　　　　门诊三

| 西药 | 248 | 材料费 | |
|---|---|---|---|
| 中药 | 150 | 碎石费 | |
| 检查费 | 22 | 同位素 | |
| 治疗费 | 60 | CT | |
| 放射费 | | 化验费 | |
| 手术费 | | 留观费 | |
| 输氧费 | | MRI | |
| 高压氧 | | ECT | |
| 输血费 | | 自费 | |
| 合　计 | 零万零仟肆佰捌拾零元零角零分 | | |

收款单位章：B市第一医院门诊业务专用章　　　　　日期：××××年4月10日

②付款人报销凭证

原始凭证 23

## ××省增值税专用发票

记 账 联　　　　　　　　　　　No 00045021

开票日期：××××年 4 月 13 日

| 购货单位 | 名称：新华厂 | | | | | 密码区 | | |
|---|---|---|---|---|---|---|---|---|
| | 纳税人识别号：××××××××××02568 | | | | | | | |
| | 地址、电话：B市××路××号 8215956 | | | | | | | |
| | 开户行及账号：B市工行 4002007690 | | | | | | | |
| 货物或应税劳务名称 | 规格型号 | 单位 | 数量 | 单价 | 金额 | 税率 | 税额 |
| 01#产品 | | 件 | 700 | 36 | 25 200 | 17% | 4 284 |
| 合　计 | | | 700 | | 25 200 | | 4 284 |
| 价税合计（大写） | 贰万玖仟肆佰捌拾肆元零角零分 | | | | （小写）¥29 484.00 | | |
| 销货单位 | 名称：平安厂 | | | | | 备注 | | |
| | 纳税人识别号：××××××××××01536 | | | | | | | |
| | 地址、电话：B市××路××号 8315958 | | | | | | | |
| | 开户行及账号：B市工行 6001002845 | | | | | | | |

收款人：　　　复核：　　　开票人：　　　销货单位：（章）

【平安厂发票专用章】

第四联：记账联　销货方记账凭证

---

原始凭证 24

## 中国工商银行进账单（回单或收账通知）

××××年 4 月 13 日　　　　　第　号

| 收款人 | 全　称 | 平安厂 | 出票人 | 全　称 | 新华厂 |
|---|---|---|---|---|---|
| | 账　号 | 6001002845 | | 账　号 | 4002007690 |
| | 开户银行 | B市支行 | | 开户银行 | B市支行 |

| 人民币（大写） | 贰万玖仟肆佰捌拾肆元整 | 千 | 百 | 十万 | 千 | 百 | 十 | 元 | 角 | 分 |
|---|---|---|---|---|---|---|---|---|---|---|
| | | | ¥ | 2 | 9 | 4 | 8 | 4 | 0 | 0 |

票据种类：
票据张数：

单位主管　　会计　　复核　　记账

【中国工商银行 B市支行业务专用章】
收款人开户行盖章

交此收联是收款人收账通知开户银行

原始凭证 25

## ××省增值税专用发票

发票联　　　　　　　　　　　　　　№ 00035321

开票日期：××××年4月4日

| 购货单位 | 名称：平安厂 | | | | | | 密码区 |
|---|---|---|---|---|---|---|---|
| | 纳税人识别号：××××××××01536 | | | | | | |
| | 地址、电话：B市××路××号 8315958 | | | | | | |
| | 开户行及账号：B市工行 6001002845 | | | | | | |

| 货物或应税劳务名称 | 规格型号 | 单位 | 数量 | 单价 | 金额 | 税率 | 税额 |
|---|---|---|---|---|---|---|---|
| 乙材料 | | 千克 | 5 000 | 9.80 | 49 000 | 17% | 8 330 |
| 合　计 | | | 5 000 | | 49 000 | | 8 330 |
| 价税合计（大写） | 伍万柒仟叁佰叁拾元零角零分 | | | | （小写）¥ 57 330.00 | | |

| 销货单位 | 名称：曙光厂 | 备注 |
|---|---|---|
| | 纳税人识别号：××××××××02487 | |
| | 地址、电话：D市××路××号 8722259 | |
| | 开户行及账号：D市工行 4002005673 | |

收款人：　　　复核：　　　开票人：　　　销货单位：（章）　曙光厂发票专用章

第二联：发票联　购货方记账凭证

---

原始凭证 26

## 公路运输收据

××××年4月14日　　　　　　　　　　　金额单位：元

| 托运单位 | D市曙光厂 | 起站 | D市 | 讫站 | B市 |
|---|---|---|---|---|---|
| 货物名称 | 件数 | 计费量 | 吨公里 | 计费单价 | 车号 |
| 乙材料 | 100 | 5 000 | 1 000 | 1.00 | |
| 金额：壹仟元整 | | | ¥1 000.00 | 备注 | D市运输公司财务专用章 |

主管：　　　会计：周三　　　复核：谭笑　　　开票：罗立

**原始凭证 27**

# 收 料 单

供货单位：D市曙光厂　　　　　　　　　　　　　　　　　　编号：1013
　　　　　　　　　　　　　　　　　　　　　　　　　　　　　仓库：本厂
发票号码：　　　　　　　××××年4月14日　　　　　　金额单位：元

| 材料编号 | 材料名称 | 规格 | 计量单位 | 数量 || 实际价格 ||| 备注 |
||||| 应收 | 实收 | 单价 | 发票金额 | 运杂费用 | 合计 ||
| | 乙材料 | | 千克 | 5 000 | 5 000 | 9.80 | 49 000 | 1 000 | 50 000 | |
| | | | | | | | | | | |
| | | | | | | | | | | |
| 质量检验记录 | 制造日期 || 合格证号 || 技术条件 || 质量状况 || 检查结论 ||
| | ××××年4月 || 甲013 || || 优 || 同意入库 ||

采购人：　　　　　检验员：　　　　　记账员：　　　　　保管员：王平

---

**原始凭证 28**

**中国工商银行**
**转账支票存根**

湘ZI 1100121

附加信息

出票日期 ××××年4月15日

| 收款人：市工程公司 |
| 金　额：¥6 000.00 |
| 用　途：修理厂房 |

单位主管 张新　　会计 李早

原始凭证 29

## B 市服务业发票

发票联

发票代码：××××××××××××
发票号码：××××××××

客户：平安厂　　　××××年 4 月 15 日

| 项　目 | 单位 | 数量 | 单价 | 金　额 十万千百十元角分 | 备　注 |
|---|---|---|---|---|---|
| 房屋维修 |  |  |  | 　　　6 0 0 0 0 | |
|  |  |  |  |  | |
| 合计（大写） | 陆仟元整 |  |  | ￥6 0 0 0 0 0 | |

收款人单位盖章：　B 市劳动服务公司财务专用章　　开票人：　　收款人：张 三

② 付款人报销凭证

---

原始凭证 30

## 费 用 分 配 表

××××年 4 月 15 日　　　　　　金额单位：元

| 部　门 | 分配标准（千克） | 租赁费 | 合　计 |
|---|---|---|---|
| 车间 | 4 000 |  | 4 000 |
| 管理部门 | 2 000 |  | 2 000 |
| 合　计 | 6 000 |  | 6 000 |

原始凭证 31

## ××省增值税专用发票

记 账 联　　　　№ 00025123

开票日期：××××年 4 月 14 日

| 购货单位 | 名称：长兴厂 |  |  |  |  |  |  | 密码区 |
|---|---|---|---|---|---|---|---|---|
|  | 纳税人识别号：××××××××××03846 |  |  |  |  |  |  |  |
|  | 地址、电话：A市××路××号 4003245 |  |  |  |  |  |  |  |
|  | 开户行及账号：A市工行 5003004986 |  |  |  |  |  |  |  |
| 货物或应税劳务名称 | 规格型号 | 单位 | 数量 | 单价 | 金额 | 税率 | 税额 |  |
| 01#产品 |  | 件 | 500 | 36 | 18 000 | 17% | 3 060 |  |
| 02#产品 |  | 件 | 800 | 50 | 40 000 | 17% | 6 800 |  |
| 合　计 |  |  |  |  | 58 000 |  | 9 860 |  |
| 价税合计（大写） | 陆万柒仟捌佰陆拾元零角零分 |  |  |  | （小写）¥ 67 860.00 |  |  |  |
| 销货单位 | 名称：平安厂 |  |  |  |  |  |  | 备注 |
|  | 纳税人识别号：××××××××××01536 |  |  |  |  |  |  |  |
|  | 地址、电话：B市××路××号 8315958 |  |  |  |  |  |  |  |
|  | 开户行及账号：B市工行 6001002845 |  |  |  |  |  |  |  |

收款人：　　复核：　　开票人：　　销货单位：（章）　　**平安厂发票专用章**

第四联：记账联　销货方记账凭证

---

原始凭证 32

## 中国工商银行托收承付结算凭证（回 单）

委托日期：××××年 4 月 17 日　　　　第　号

| 收款人 | 全称 | B市平安厂 | 出票人 | 全称 | A市长兴厂 |
|---|---|---|---|---|---|
|  | 账号 | 6001002845 |  | 账号 | 5003004986 |
|  | 开户银行 | B市支行 |  | 开户银行 | A市支行 |

| 人民币（大写） | 陆万柒仟捌佰陆拾元整 | 千 | 百 | 十 | 万 | 千 | 百 | 十 | 元 | 角 | 分 |
|---|---|---|---|---|---|---|---|---|---|---|---|
|  | ¥ |  |  | 6 | 7 | 8 | 6 | 0 | 0 |

| 附件：发票 票据 1 张 | 商品发运情况 托 运 | 合 同 号 码 0315 | |
|---|---|---|---|
| 单位主管　会计　复核　记账 | | 收款人开户行盖章 | **中国工商银行 B市支行业务专用章** |

**原始凭证 33**

### 中国工商银行
### 转账支票存根
湘 ZI 1100123

附加信息

出票日期 ××××年4月18日

| 收款人： | 湘中商厦 |
|---|---|
| 金　额： | ￥256.00 |
| 用　途： | 购稿纸 |

单位主管 张 新　　会计 李 早

---

**原始凭证 34**

### 工商企业统一发票

发票代码：×××××××××××
发票号码：×××××××

客户：平安厂　　　　××××年4月18日

| 项目 | 规格 | 单位 | 数量 | 单价 | 金　额 |||||||
|---|---|---|---|---|---|---|---|---|---|---|---|
| | | | | | 十万 | 万 | 千 | 百 | 十 | 元 | 角 | 分 |
| 稿纸 | | 本 | 128 | 20.00 | | | | 2 | 5 | 6 | 0 | 0 |
| | | | | | | | | | | | | |
| 合计(大写) 贰佰伍拾陆元整 | | | | | ￥ | | | 2 | 5 | 6 | 0 | 0 |

第二联：发票

销货单位：湘中商厦 财务专用章　　收款：田 仁　　制单：刘 文　　提货人：

原始凭证 35

## B 市广告统一发票

发票代码：×××××××××××
发票号码：××××××××

客户：平安厂　　　　　××××年 4 月 19 日

| 项 目 | 单位 | 数量 | 单价 | 金　额 十万千百十元角分 |
|---|---|---|---|---|
| 广告 | 次 | 2 | 1300 | 2 6 0 0 0 0 |
|  |  |  |  |  |
| 合计（大写）贰仟陆佰元整 |  |  |  | ¥ 2 6 0 0 0 0 |

②付款人发票

收款人单位盖章：　[B 市经济电视台 财务专用章]　　开票人：朱明　　收款人：蔡忠

---

原始凭证 36

## 中国工商银行
## 转账支票存根

湘 ZI　1100124

附加信息
_____
_____
_____

出票日期 ××××年 4 月 19 日

| 收款人：B 市经济电视台 |
| 金　额：¥2 600.00 |
| 用　途：广告费 |

单位主管 张新　　会计 李早

原始凭证37

## 平安厂发出材料汇总表

××××年4月20日　　　　　　　　　　　　　　　　　单位：元

| 领料部门及用途 | 甲材料 | | | 乙材料 | | | 丙材料 | | | 原材料合计 |
|---|---|---|---|---|---|---|---|---|---|---|
| | 数量 | 单价 | 金额 | 数量 | 单价 | 金额 | 数量 | 单价 | 金额 | |
| 基本生产 | | | | | | | | | | |
| 01#产品 | 2 200 | 5.00 | 11 000 | 1 000 | 10.00 | 10 000 | | | | 21 000 |
| 02#产品 | | | | | | | | | | |
| 车间一般耗用 | | | | | | | 100 | 30.00 | 3 000 | 3 000 |
| 管理部门耗用 | | | | | | | | | | |
| 销售产品 | | | | | | | | | | |
| 合　计 | 2 200 | | 11 000 | 1 000 | | 10 000 | 100 | | 3 000 | 24 000 |

原始凭证38

## ××省增值税专用发票

### 发票联　　　　　No 0005236

开票日期：××××年4月20日

| 购货单位 | 名称：平安厂 | | | | | 密码区 | | |
|---|---|---|---|---|---|---|---|---|
| | 纳税人识别号：××××××××01536 | | | | | | | |
| | 地址、电话：B市××路××号 8315958 | | | | | | | |
| | 开户行及账号：B市工行 6001002845 | | | | | | | |

| 货物或应税劳务名称 | 规格型号 | 单位 | 数量 | 单价 | 金额 | 税率 | 税额 |
|---|---|---|---|---|---|---|---|
| 甲材料 | | 千克 | 1 000 | 4.70 | 4 700 | 17% | 799.00 |
| 丙材料 | | 千克 | 500 | 29.70 | 14 850 | 17% | 2 524.50 |
| 合　计 | | | | | 19 550.00 | | 3 323.50 |
| 价税合计（大写） | 贰万贰仟捌佰柒拾叁元伍角整 | | | | | （小写）¥22 873.50 | |

| 销货单位 | 名称：湘华厂 | 备注 |
|---|---|---|
| | 纳税人识别号：××××××××02581 | |
| | 地址、电话：E市××路××号 4403259 | |
| | 开户行及账号：E市工行 3002005671 | |

收款人：　　　复核：　　　开票人：　　　销货单位：（章）

湘华厂发票专用章

原始凭证 39

# 中国工商银行托收承付结算凭证（收账通知）

承付
填送日期：××××年4月20日　承付期限　年　月　日

| 收款人 | 全称 | E市湘华厂 | 付款人 | 全称 | B市平安厂 |
|---|---|---|---|---|---|
| | 账号 | 3002005671 | | 账号 | 6001002584 |
| | 开户银行 | E市支行 | | 开户银行 | B市支行 |

| 人民币（大写） | 贰万叁仟叁佰贰拾叁元伍角整 | 千 百 十 万 千 百 十 元 角 分 ￥  2 3 3 2 3 5 0 |
|---|---|---|

| 附件：发票 票据2张 | 商品发运情况 托运 | 合同号码 0312 |
|---|---|---|

| 单位主管 | 会计 | 复核 | 记账 | 收款人开户行盖章 | 中国工商银行 B市支行业务专用章 |
|---|---|---|---|---|---|

此联是付款单位向开户银行支付货款的支款凭证

---

原始凭证 40

# 公路运输运费发票

发票代码：××××××××××
发票号码：××××××××

××××年4月20日

| 托运单位 | D市曙光厂 | | 起站 | D市 | 讫站 | B市 |
|---|---|---|---|---|---|---|
| 货物名称 | 件数 | 计费量 | 计费单价（元/件） | 计费金额 | 车号 | |
| 甲、丙材料 | 150 | 150 | 3 | 450 | | |
| 金额：肆佰伍拾元整 | | | | | 备注 | D市运输公司财务专用章 |

主管：　　　会计：陈菲　　　复核：钟卫　　　开票：戴立

---

原始凭证 41

# 运费分配表

××××年4月21日　　　　　　　金额单位：元

| 材料名称 | 分配标准（千克） | 分配率 | 金额 |
|---|---|---|---|
| 甲材料 | 1 000 | 0.30 | 300.00 |
| 丙材料 | 500 | 0.30 | 150.00 |
| 合计 | 1 500 | | 450.00 |

原始凭证 42

## B市石化实业集团发票联

发票代码：×××××××××××
发票号码：××××××××

客户：平安厂　　　　　　××××年4月22日

| 项　目 | 单位 | 数量 | 单价 | 金　　　额 ||||||| 备注 |
|---|---|---|---|---|---|---|---|---|---|---|---|
| | | | | 十 | 万 | 千 | 百 | 十 | 元 | 角 | 分 | |
| 汽油 | 公升 | 600 | 2.00 | | | 1 | 2 | 0 | 0 | 0 | 0 | |
| | | | | | | | | | | | | |
| 合计（大写）壹仟贰佰元整 | | | | | ¥ | 1 | 2 | 0 | 0 | 0 | 0 | |

收款单位盖章：[B市石化集团财务专用章]　开票人：伍　大　　收款人：彭　忠　　发票监督电话

② 付款人发票

---

原始凭证 43

## 中国工商银行
## 转账支票存根

湘 ZI　1100125

附加信息
_____
_____
_____

出票日期 ××××年4月22日

| 收款人：B市石化集团 |
| 金　额：¥1 200.00 |
| 用　途：购汽油款 |

单位主管 张　新　　会计 李　早

原始凭证44

## 收 料 单

供货单位：　　　　　　　　　　　　　　　　　　　　　　　编号：1014
　　　　　　　　　　　　　　　　　　　　　　　　　　　　　仓库：本厂
发票号码：湘华厂　　　　××××年4月23日　　　　　　　金额单位：元

| 材料编号 | 材料名称 | 规格 | 计量单位 | 数量 应收 | 数量 实收 | 实际价格 单价 | 实际价格 发票金额 | 实际价格 运杂费用 | 实际价格 合计 | 备注 |
|---|---|---|---|---|---|---|---|---|---|---|
| | 甲材料 | | 千克 | 1 000 | 1 000 | 4.70 | 4 700 | 300 | 5 000 | |
| | 丙材料 | | 千克 | 500 | 500 | 29.70 | 14 850 | 150 | 15 000 | |
| | | | | | | | | | | |
| 质量检验记录 | 制造日期 ××××年3月 | | 合格证号 甲015 | | 技术条件 | | 质量状况 优 | | 检查结论 同意入库 | |

采购人：　　　　　　检验员：　　　　　　记账员：　　　　　　保管员：王平

---

原始凭证45

## ××厂发出材料汇总表

××××年4月20日　　　　　　　　　　　　　　　　　　　单位：元

| 领料部门及用途 | 甲材料 数量 | 甲材料 单价 | 甲材料 金额 | 乙材料 数量 | 乙材料 单价 | 乙材料 金额 | 丙材料 数量 | 丙材料 单价 | 丙材料 金额 | 原材料合计 |
|---|---|---|---|---|---|---|---|---|---|---|
| 基本生产 | | | | | | | | | | |
| 01#产品 | | | | | | | | | | |
| 02#产品 | | | | | | | | | | |
| 一般耗用 | | | | | | | | | | |
| 管理部门 | | | | | | | 30 | 30.00 | 900 | 900 |
| 销售产品 | | | | | | | 12 | 30.00 | 360 | 360 |
| 合计 | | | | | | | 42 | | 1 260 | 1 260 |

原始凭证 46

## B市供电公司电费统一发票

发票代码：××××××××××××
发票号码：××××××××

××××年4月25日

| 用户名称 | 平安厂 | 开户银行 | B市工行 | 账 号 | 6001002845 |
|---|---|---|---|---|---|
| 收费时间 | ××××年3月25日至××××年4月25日 ||||||
| 电费项目 | 动力电度 | 10 000 | 计费单价 | 0.52 | 计费金额 | 5 200 |
| | 照明电度 | 2 000 | 计费单价 | 0.40 | 计费金额 | 800 |
| 合　计 | 陆仟元整 ||||||

主管：　　　抄表：吴卫　　　制单：赵松

B市供电公司
财务专用章

二、交付款单位

---

原始凭证 47

委邮

## 委托银行收款结算凭证（支款通知）

委托日期：××××年4月25日　　　№ 0023121

| 收款人 | 全 称 | 市供电公司 | 付款人 | 全 称 | 平安厂 |
|---|---|---|---|---|---|
| | 账 号 | 6001003546 | | 账 号 | 6001002845 |
| | 开户银行 | B市工行 | | 开户银行 | B市工行 |

| 人民币（大写） | 陆仟元整 | 千 | 百 | 十 | 万 | 千 | 百 | 十 | 元 | 角 | 分 |
|---|---|---|---|---|---|---|---|---|---|---|---|
| | | | | | ¥ | 6 | 0 | 0 | 0 | 0 | 0 |

| 月份 | 项目 | 单价 | 金额 | | |
|---|---|---|---|---|---|
| | | | | 复核员 | 收款单位公章 |
| | | | | 记账员 | 经手人 |
| 合计 | | | | | |

中国工商银行
B市支行业务专用章

原始凭证 48

## 外购动力分配表
××××年4月25日　　　　　　　金额单位：元

| 项　目 | 用电量（度） | 计费单价 | 金　额 | 备　注 |
|---|---|---|---|---|
| 生产用电 | 10 000 | 0.52 | 5 200 | |
| 照明用电 | 2 000 | 0.40 | 800 | |

原始凭证 49

## 存货盘点盈亏报告单
××××年4月27日　　　　　　　金额单位：元

| 存货编号 | 存货名称 | 数量 | | 单价 | 盘　亏 | | 盘　盈 | | 盘亏盘盈原因 |
|---|---|---|---|---|---|---|---|---|---|
| | | 账存 | 实存 | | 数量 | 金额 | 数量 | 金额 | |
| | 乙材料 | 5 800 | 5 650 | 10 | 150 | 1 500 | | | 待查 |
| | | | | | | | | | |

审批意见：查明原因后处理

原始凭证 50

**中国工商银行**
**转账支票存根**
湘 ZI　1100126

附加信息
_____
_____
_____

出票日期 ××××年4月27日

收款人：B市科文商场
金　额：￥11 700.00
用　途：购电脑款

单位主管 张 新　　会计 李 早

原始凭证51

## 固定资产验收单

供货单位：B市科文商场
发票号码：0045684　　　　　××××年4月27日　　　　　编号：0112

| 材料编号 | 材料名称 | 规格 | 计量单位 | 数量 应收 | 数量 实收 | 实际价格 单价 | 实际价格 发票金额 | 实际价格 运杂费用 | 实际价格 合计 | 备注 |
|---|---|---|---|---|---|---|---|---|---|---|
| | 电脑 | | 台 | 2 | 2 | 5 000 | 10 000 | | 11 700 | 其中增值税1 700元 |
| | | | | | | | | | | |
| | | | | | | | | | | |

| 质量检验记录 | 制造日期 ××××年5月 | 合格证号 甲056 | 技术条件 | 质量状况 优 | 检查结论 同意入库 |
|---|---|---|---|---|---|

采购人：　　　　检验员：罗 欣　　　　记账员：戴 安　　　　使用部门：办公室

原始凭证52

## ××省增值税专用发票

发 票 联　　　　№ 0045684

开票日期：××××年4月27日

| 购货单位 | 名称：平安厂 |
| | 纳税人识别号：××××××××01536 |
| | 地址、电话：B市××路××号 8315958 |
| | 开户行及账号：B市工行 6001002845 |

| 货物或应税劳务名称 | 规格型号 | 单位 | 数量 | 单价 | 金额 | 税率 | 税额 |
|---|---|---|---|---|---|---|---|
| 联想电脑 | | 台 | 2 | 5 000 | 10 000 | 17% | 1 700 |
| | | | | | | | |
| 合　计 | | | | | 10 000 | | 1 700 |

价税合计（大写）　　壹万壹仟柒佰元整　　　　（小写）¥ 11 700.00

| 销货单位 | 名称：B市科文商场 |
| | 纳税人识别号：××××××××02638 |
| | 地址、电话：B市××路××号 4403289 |
| | 开户行及账号：B市工行 3002004825 |

收款人：　　复核：　　开票人：　　销货单位：（章）科文商场发票专用章

第二联：发票联　购货方记账凭证

**原始凭证 53**

## 工资分配表
××××年 4 月 30 日　　　　　　　　　　金额单位：元

| 项目 | 工资总额 | | | |
|---|---|---|---|---|
| | 基本工资 | 津贴补贴 | 奖金 | 合计 |
| 01#产品工人工资 | 12 000 | | | 12 000 |
| 02#产品工人工资 | 10 000 | | | 10 000 |
| 车间管理人员 | 2 500 | | | 2 500 |
| 行政管理人员 | 5 500 | | | 5 500 |
| 合计 | 30 000 | | | 30 000 |

**原始凭证 54**

## 职工福利费计提表
××××年 4 月 30 日　　　　　　　　　　金额单位：元

| 项目 | 工资总额 | 计提比例(%) | 计提金额 | 备注 |
|---|---|---|---|---|
| 01#产品工人工资 | 12 000 | 14 | 1 680 | |
| 02#产品工人工资 | 10 000 | 14 | 1 400 | |
| 车间管理人员 | 2 500 | 14 | 350 | |
| 行政管理人员 | 5 500 | 14 | 770 | |
| 合计 | 30 000 | | 4 200 | |

**原始凭证 55 $\frac{1}{3}$**

### 中国工商银行
### 转账支票存根
湘 ZI　1100127

附加信息

出票日期　××××年 4 月 30 日

| 收款人： | B 市房产局 |
|---|---|
| 金　额： | ￥850.00 |
| 用　途： | 支付房租 |

单位主管　张 新　　会计　李 早

原始凭证 55 $\frac{2}{3}$

## B市服务业发票
### 发票联

发票代码：××××××××××××
发票号码：××××××××

客户：平安厂　　　　××××年4月30日

| 项目 | 单位 | 数量 | 单价 | 金额 十万千百十元角分 |
|---|---|---|---|---|
| 房屋租金 | | | | 8 5 0 0 0 |
| | | | | |
| 合计（大写）捌佰伍拾元整 | | | | ￥ 8 5 0 0 0 |

收款人单位盖章：B市房产局 财务专用章　　开票人：　　收款人：苏　三

② 付款人报销凭证

---

原始凭证 55 $\frac{3}{3}$

## 费用分配表
××××年4月30日　　　　　　　　　单位：元

| 应借科目 | 分摊项目 | | | 合计 |
|---|---|---|---|---|
| | 房租费用 | | | |
| 制造费用 | 500 | | | 500 |
| 管理费用 | 350 | | | 350 |
| 合　计 | 850 | | | 850 |

---

原始凭证 56

## 固定资产折旧计算提取表
××××年4月30日　　　　　　　　　单位：元

| 应借科目 | 固定资产类别 | 固定资产月初原值 | 月折旧率 | 月折旧额 |
|---|---|---|---|---|
| 制造费用 | | 1 700 000 | 0.0041 | 6 970 |
| 管理费用 | | 500 000 | 0.0041 | 2 050 |
| | | | | |
| 合　计 | | | | 9 020 |

原始凭证 57

## 利息费用计提表

××××年 4 月 30 日　　　　　　　　　　　单位：元

| 应借科目 | 费用项目 | | 合计 |
|---|---|---|---|
| | 短期借款利息 | | |
| 财务费用 | 600 | | 600 |
| | | | |
| 合　计 | 600 | | 600 |

原始凭证 58

## 制造费用分配表

××××年 4 月 30 日　　　　　　　　　　　单位：元

| 产　品 | 分配标准（工时） | 分　配　率 | 分配金额 | 备　注 |
|---|---|---|---|---|
| 01#产品 | 3 000 | | | |
| 02#产品 | 1 500 | | | |
| | | | | |
| 合　计 | 4 500 | | | |

原始凭证 59

## 产品生产成本计算单

××××年 4 月 30 日　　　　　　　　　　　单位：元

| 成本项目 | 01#产品（3 000 件） | | 02#产品（1050 件） | |
|---|---|---|---|---|
| | 总成本 | 单位成本 | 总成本 | 单位成本 |
| | | | | |
| | | | | |
| | | | | |
| 合　计 | | | | |

（表中空白处数据由学生根据前面业务内容自行计算填列）

原始凭证 60

## 产成品入库单（财会记账联）

××××年4月30日

| 品　名 | 规格 | 计量单位 | 入库数量 | 单位成本 | 总成本 十 万 千 百 十 元 角 分 |
|---|---|---|---|---|---|
| 01#产品 |  | 件 | 3 000 |  |  |
| 02#产品 |  | 件 | 1 050 |  |  |
|  |  |  |  |  |  |

负责人：　　　　记账：　　　　验收：王平　　　　经办人：

（表中空白处数据由学生根据前面业务内容自行计算填列）

原始凭证 61

## 产品销售成本计算表

××××年4月30日　　　　　　　　　　　　单位：元

| 产　品 | 销售数量（件） | 单位成本 | 金　额 | 备　注 |
|---|---|---|---|---|
| 01#产品 | 2 000 |  |  |  |
| 02#产品 | 1 100 |  |  |  |
|  |  |  |  |  |
| 合　计 | 3 100 |  |  |  |

原始凭证 62

## 城建税及教育费附加计提表

××××年4月30日　　　　　　　　　　　　单位：元

|  |  |  |  |  |
|---|---|---|---|---|
|  |  |  |  |  |
|  |  |  |  |  |
|  |  |  |  |  |
|  |  |  |  |  |

（表中空白处数据由学生根据前面业务内容自行计算填列）

原始凭证63

## 存货盘点盈亏报告单

××××年4月30日

| 存货编号 | 存货名称 | 数量 | | 单价 | 盘亏 | | 盘盈 | | 盘亏盘盈原因 |
|---|---|---|---|---|---|---|---|---|---|
| | | 账存 | 实存 | | 数量 | 金额 | 数量 | 金额 | |
| | 甲材料 | | | 5.00 | | 400 | | | 管理不善 |
| | | | | | | | | | |
| 审批意见：原盘亏的甲材料列管理费用 | | | | | | | | | |

会计： 　　　　　负责人：刘 新　　　　　经手人：王 平

原始凭证64

## 各损益类账户余额表

××××年4月30日　　　　　　　　　　　　　　单位：元

| 收入账户 | 余　额 | 费用成本账户 | 余　额 |
|---|---|---|---|
| 主营业务收入 | | 主营业务成本 | |
| 其他业务收入 | | 销售费用 | |
| 营业外收入 | | 营业税金及附加 | |
| 投资收益 | | 其他业务成本 | |
| | | 管理费用 | |
| | | 财务费用 | |
| | | 营业外支出 | |
| 合　　计 | | 合　　计 | |

注：先计算填列有关账户余额，再结转本年利润。

原始凭证65

## 所得税计算表

××××年4月30日　　　　　　　　　　　　　　单位：元

| 项　　目 | 利润总额 | 税率 | 应交税额 |
|---|---|---|---|
| 所得税 | | 25% | |
| | | | |

注：先计算填列利润总额，再计算并结转应交所得税。

原始凭证 66

# 利 润 分 配 表

××××年 4 月 30 日　　　　　　　　　　　　　　单位：元

| 项　目 | 净利润 | 比　例 | 金　额 |
|---|---|---|---|
| 盈余公积 |  | 10% |  |
| 应付利润 |  | 50% |  |

注：先计算填列有关内容，再进行结转。